U0574369

俄罗斯陆军军事训练问题研究

主　　编　邓秀梅　郭　力

副 主 编　刘　重　朱　磊　陈航辉

编写人员　孙　诚　关娟茹　张佳婉

　　　　　刘　鹏　袁　越　黄　琼

　　　　　吴新慧

WUHAN UNIVERSITY PRESS
武汉大学出版社

图书在版编目(CIP)数据

俄罗斯陆军军事训练问题研究/邓秀梅,郭力主编.—武汉:武汉大学出版社,2024.12

ISBN 978-7-307-24117-6

Ⅰ.俄… Ⅱ.①邓… ②郭… Ⅲ.陆军—军事训练—研究—俄罗斯 Ⅳ.E512.51

中国国家版本馆 CIP 数据核字(2023)第 220668 号

责任编辑:李 丹 责任校对:牟 丹 版式设计:文豪设计

出版发行:**武汉大学出版社** (430072 武昌 珞珈山)

(电子邮箱:cbs22@ whu.edu.cn 网址:www.wdp. com.cn)

印刷:武汉邮科印务有限公司

开本:720×1000 1/16 印张:12.5 字数:161 千字

版次:2024 年 12 月第 1 版 2024 年 12 月第 1 次印刷

ISBN 978-7-307-24117-6 定价:79.00 元

前　言

　　俄罗斯是传统的陆权国家，其国土辽阔、陆疆漫长，陆境周边不乏美国的军事盟国。俄罗斯是一个崇军尚武的国家，强调"以军立国、以军强国"，这也成为该国的文化传统。纵观其历史发展的每个阶段，无不充斥着对外或对内战争，俄罗斯陆军（以下简称"俄陆军"）一直都是该过程的重要参与者和见证者。这种情况决定了陆军在俄武装力量建设中占据着非常重要的地位。

　　基于对现代局部战争（武装冲突）规模、特点的分析与把握，结合国际及周边安全态势变化，俄军方认为，未来俄罗斯面临的大部分可能的军事冲突将会由陆地而起，陆军仍是维护国家安全的重要保障。经过近 30 年的改革，特别是 2008 年底启动武装力量"新面貌"改革以来，俄陆军着眼国家安全战略环境和战争形态的发展演变，坚持"精干高效、机动灵活、装备精良、训练有素"的军种建设发展方向，不断加大编制体制调整力度，推进武器装备现代化建设，提升各种规模演训力度，强化前沿基地建设，使陆军战备水平得到较大幅度提升，基本实现了"精干、高效、机动"的转型目标，完成了从"数量规模型"向"质量效能型"的转变。

陆军是俄罗斯武装力量[1]（以下简称"俄军"）的主体，是维护俄罗斯国家领土主权和统一的主要力量。截至 2021 年底，俄陆军总人数约 30 万（占俄军总编制员额的 29.7%），是规模最大、员额最多的军种，在兵种组成上主要包括摩步、坦克、导弹和炮兵、防空兵和特种部队（侦察、通信、电子战、工程、三防、信息战、特种作战、物资技术保障、后方部队及组织），其担负的任务非常广泛，平时是国土防御、重大灾害抢险救援的主要力量，战时用于抗击敌人从陆上发起的军事入侵，保卫国家领土完整及国家安全利益不受侵犯。同时，和盟友共同建立防御体系，抵抗敌对集团和国家对俄罗斯的侵犯。尽管随着信息化、全球化的深入推进，陆军的传统主导地位有所弱化，但其仍是多维战场空间的根基，是地面作战的主体力量，是克敌制胜的有效手段，在抗敌入侵和达成作战目标方面继续发挥着不可替代的作用。同时，陆军还是战后控制领土、扩大战果、维稳重建的主体力量，在将军事胜利转化为政治胜利方面发挥着至关重要的作用。

军事训练是指有组织、有针对性地向军人传授并使其掌握平时和战时条件下实际活动所必需的军事知识、技能和本领，以及为实施战斗行动而对军人进行训练和合练的过程。俄军认为，军事训练是和平时期军队的基本实践活动，是提升广大官兵军事素养和提高部队战斗力的根本途径，是军队履行职能的重要保证。作为一支强调实力至上、崇尚荣誉的尚武型军队，俄军始终高度重视军事训练并将其置于军队建设的中心地位，认为只有在实战条件下，模拟逼真的战场环境，严格训练，才能锻造出一支面向未来的新型军队，才能建立机动灵活、训练有素、能够完成各种复杂任务的现代化军队。俄陆军军事训练是指陆军进行的军事理论及相关专业知识教育、作战技能训练及军事行

---

[1] 2022 年 8 月底，普京总统签署了调整军队编制员额的命令。根据该文件，从 2023 年 1 月 1 日起，俄武装力量的总员额将超过 200 万人。其中军人的数量为 115 万，比 2022 年 8 月多了 13.7 万。合同制军人的员额达到 69.5 万人，与 2022 年 8 月数额相比，几乎增加了 1 倍。

动演练等活动，主要包括部队训练和院校训练。陆军部队训练是指陆军部队进行的军事理论教育、作战技能训练及军事行动演练等活动，其目的在于提高陆军部队指挥员及指挥机关的作战筹划指挥能力和部队的整体作战能力。[1] 从理论角度讲，俄陆军部队训练按级别可划分为战斗训练和战役训练两个基本类型，但在军事训练实践中也包括战略训练。战斗训练是培训单兵、分队[2]、部队[3]及兵团[4]为实施战斗行动或依据使命完成其他任务而进行军事训练的措施体系。具体是采取各种有计划、有组织、系统性的措施，培训单兵、分队、部队、兵团及其指挥机关（司令部）的合练（战斗合练），并培训其依据使命任务要求完成各种战斗任务及保障其他战斗行动的顺利实施。在实施战斗值班的部队及兵团，战斗训练还包括受训人员使用技术装备独立开展工作，在班编成内实施战斗值班（值班）。战斗训练是陆军日常活动的主要内容，是陆军的主要训练类型之一。其主要目的是提高部队的战斗力及战备能力，研究制定军人顺利完成战斗任务所必备的素质。战役训练是对战略战役级军官，战略、战役-战略、战役、战役-战术军事指挥机关及各军团[5]平时及战时，为完成既定作战任务而实施的各种训练措施的综合，是俄军军事训练的重要组成部分。院校训练是指战役训练、战略训练的部分内容在院校组织实施。在俄罗斯《军事百科全书》及官方权威报纸杂志中，并未正式提出"战略训练"这一概念。

---

[1] 陈新民，俞存华. 军事训练百科全书（第九册）[M]. 北京：中国大百科全书出版社，2015：2313.

[2] 分队（подразделение）：通常是指由固定组织和单一兵种单位编成的军事单位。

[3] 部队（часть）：是由营及若干营以下分队组成的军事单位。就俄罗斯陆军而言，部队通常是指团、独立营一级单位。

[4] 兵团（соединение）：是由若干部队或各兵种、专业（勤务）兵及保障和维修独立部（分）队的较小编成兵力构成的军事单位。就俄罗斯陆军而言，兵团通常是指师、独立旅（旅）一级单位。

[5] 军团（объединение）：是战役（战略）规模军事单位。就俄罗斯陆军而言，军团通常是指集团军（含）以上单位。

因此，陆军军事训练类型的划分并不是绝对的。

深入系统地研究俄陆军军事训练问题，从中吸取成功经验并反思失败教训，对推动中国陆军军事训练理论、军事训练方法的创新发展和解决军事训练中存在的短板、不足等诸多问题，具有非常重要的现实意义和参考借鉴价值。

第一，有利于促进中国陆军军事训练理论创新。中俄两国有着传统的友谊，两军也有着很深的历史渊源。在中国军队，特别是陆军的发展中，曾大量借鉴苏联的建军经验，许多著名的军事将领曾留学苏联，并带回了许多宝贵的军事训练经验。例如，刘伯承元帅留学回国后，根据当时国内形势的需要，为拓宽指战员视野，学习苏军建军经验，亲自参与翻译了多部苏联军事论著。这些论著成为当时指导中国陆军军事训练的蓝本。马克思强调了理论对于实践的重要指导作用，理论的落后必然会导致实践的落后，而科学的、符合时代发展需求的军事训练理论能推动军事训练实践有序前行。

第二，有利于推动中国陆军军事训练实践。俄罗斯始终将军队视为维护国家安全与稳定的重要基石，俄罗斯总统普京在克里姆林宫会见军事大学和军事学院毕业生时说："没有强大的军队，就没有强大的俄罗斯""如果军队没有前途，国家也就没有前途"。普京总统的一贯主张充分彰显了俄罗斯的强军决心。随着国际、国内安全形势的发展演变，以及俄罗斯国家战略利益的不断变化，为有效应对各种现实及潜在的安全威胁，锻造面向未来的新型军队，俄军不断加快军事训练改革步伐。2008年9月15日，时任俄罗斯总统梅德韦杰夫签署了"关于塑造武装力量新面貌"的总统令，俄军启动了第二次世界大战以来规模最大的一次军事改革，在军事训练的各个方面都取得了显著成效。采用科学、有效的训练方法提高陆军战斗力，使陆军有能力在未来复杂的全球化国际大环境、信息化时代大背景下赢得战争胜利，是俄军高层一直以来的追求。同时，俄陆军注重从实战中吸取经验教训，结合担负的使命任务，不断对军事训练活动进行调整、优化。如在第二次车臣战争、俄格战争、2014 年乌克兰危机、叙利亚军事行动中，俄陆军在总结以往战争经验教训的基础上，采取合适战法，充分发挥陆军摩托化步兵和特种部队的近战优势，取得了积极战果。但俄军在改革整体框架内，也存在不少问题，走了一些弯路。如单一兵种部队整体训练水平与国防部的预期还有一定的差距；联合部（分）队整体合练效果还未达到军事训练大纲标准及俄军高层的期望，指挥员指挥联合部（分）队作战的能力素质有待进一步提高；部分训练保障条件还不能满足高强度战斗训练的要求；等等。尽管存在诸多问题，但俄军能在"试错"中不断前行，大胆调整和纠偏，积累了宝贵经验，形成了许多实用、有效的做法。

第三，有利于深化中国陆军军事训练改革。俄陆军也是在改革中不断调整自己、提高自己，经历了诸多挑战。自 1992 年独立建军以来，俄陆军开始逐渐摆脱苏军体制和模式，大体上经历了四个阶段的改革，即叶利钦时期军事训练改革的开局阶段，第一次普京时期军事训练改革的重点推进阶段，梅德韦杰夫时期的武装力量"新面貌"改革阶段，第二次普京时期军事训练改革的进一步完善、深化及发展阶段。改革期间，基于战略视角，俄陆军多措并举提高军事训练质量，探索符合时代要求及本国国情、军情的军事训练途径，寻求解决制约战斗力提升的有效方法，以期在未来复杂多样、不可预测的战争及武装冲突中赢得主动权，达成己方政治及军事目的。

需要特别强调的是，本书部分内容按俄语表达习惯原汁原味地进行阐述，力求更加准确地反映俄陆军军事训练原貌。编者主要关注以下方面：一是换位思维研究。研究外军最好的方法，就是站在他们的思维角度，分析、评价其军事训练诸要素，从而作出最客观、最真实、最贴近本国军队军事训练实际的理性思考。二是归纳分析研究。为对某些问题得出完整、系统的认知，并把握其未来走向，编者以军事训练基本要素为线索，对有关俄陆军军事训练的诸多资料进行系统归纳与分析，总结其特色。三是运用历史研究。对任何军队来说，军事训练必定会经历不同的历史时期和不同的改革阶段。在写作过程中，编者注重从俄军发展各个阶段训练改革入手，总结其军事训练有益的经验。四是文献资料研究。编者力图发挥语言优势，在俄军权威的官方网站、官方报纸杂志等各种平台获取第一手数据资料。同时，关注俄军政高层发表的文章、讲话，或官方发布的文件、条例条令等，从中总结其陆军军事训练改革所需的理论依据，为本书的编写奠定理论基础。

编　者

目 录

第一章　俄陆军军事训练概述 ················· **001**

第一节　军事训练领导与管理体制 ············· 001

第二节　军事训练计划制订的流程 ············· 010

第三节　军事训练运行机制 ················· 011

第四节　多级多域的联合训练 ················ 016

第五节　军事训练的形式与方法 ··············· 022

第六节　军事训练管理制度 ················· 023

第七节　军事训练管理相关规定及落实举措 ········ 025

第二章　俄陆军军事训练内容 ··············· **036**

第一节　军事训练内容规划的基础 ············· 036

第二节　军事训练内容 ··················· 047

第三节　军事训练内容的典型特征 ············· 053

第三章　俄陆军军事训练模式 ··············· **062**

第一节　利用军事训练中心（基地）实施部（分）队训练 ····· 062

第二节　依托网络及各种信息资源重点实施指挥训练 ······ 071

第三节　运用模拟训练手段实施训练 ············ 076

第四章　俄陆军军事训练考评 ··············· **079**

第一节　军事训练考评机制 ················· 079

第二节　军事训练考评方法 ················· 082

第三节　军事训练考评内容与标准 ············· 087

第五章　俄陆军军事训练保障 ···································· 090

第一节　军事训练保障的相关规定 ····················· 090

第二节　以大型军事训练中心为主的场地保障 ············· 096

第三节　"实装、系统、模拟器材"相结合的装备保障 ······· 102

第四节　健全配套的军事训练法规保障 ················· 116

第六章　俄陆军军事训练主要特色 ···················· 120

第一节　突击战备检查常态化 ······················· 120

第二节　把军事演习作为提升战斗力最有效的训练方法 ······· 126

第三节　以战引训，突出营战术群训练 ················· 134

第四节　通过国际联演联训全面体现战略意图 ············· 139

第五节　引入比赛机制，以赛促训 ···················· 152

第六节　着眼部队实际需求，依托院校培养军事训练人才 ····· 155

附录 1 ·· 168

附录 2 ·· 177

参考文献 ·· 183

第一章　俄陆军军事训练概述

自 1992 年独立建军以来，特别是武装力量"新面貌"改革以来，在系统深化研究现代战争特点规律和全面总结近年来局部战争与武装冲突经验教训的基础上，结合武装力量建设实际及国际战略环境变化的趋势，俄军建成了"三大军种、两个独立兵种"，即陆军、海军、空天军、战略火箭兵和空降兵的现役军事力量体系，组建新的军区。同时，不断深化训练体制改革，逐步构建符合军事行动需求和军队建设实际的军事训练体制，完善各种配套机制及规定等相关要素。

第一节　军事训练领导与管理体制

在俄军整个军事训练体系中，除了军事训练领导与管理体制外，还包括相互补充的训练样式和方法体系、训练保障体系等要素。顺畅、高效运行的军事训练体制是提高俄陆军军事训练质量的基本前提和重要保证。构建强有力的军事训练领导与管理体制是有效落实军事训练的前提，是推动军事训练创新发展的关键。

一、军事训练领导体制

考虑到俄陆军在俄军整个军事训练领导与管理体制内运行，本部分主要阐述俄军军事训练领导与管理体制的整体情况。在武装力量"新面貌"改革过程中，俄军不仅大幅度改革了军队的编制体制，还调整了军事训练领导与管理体制，重新明确了战斗训练、战役训练的相互关系，形成了训战一致、平战一体、职责分工明确、相对顺畅的各层级军事训练领导与管理体制。平时军事训练领导与管理体制和战时军事行动领导与指挥模式保持一致，军事训练领导与管理机构和战时军事行动领导与指挥机构融为一体，确保作战指挥体系能迅速、高效实现由平时向战时转轨。各机构、各部门根据相关法规文件履行职责，确保军事训练工作平稳、有序开展。

（一）武装力量训练领导体制

当前，俄军实行"统一领导、分级负责"的训练领导体制，国防部部长、总参谋长、各军种总司令、各军区（舰队）司令及各级部队主官通过各自的司令部、训练部门及兵种和勤务部门主任对军事训练进行领导与管理。2013 年，俄罗斯修订并出台首份《国防计划》，以立法的方式规范了总参谋部的职能和地位，进一步强化了总参谋部的战略规划、作战指挥、战役训练等职能。在领导体制上，强化了总参谋部在军令系统的核心领导地位，明确了总参谋部是武装力量的基本作战指挥机关和筹划组织跨军种战略战役训练的主管机关。总参谋部负责组织实施诸军兵种跨战区的战役训练，其中包括武装力量最高统帅、国防部部长亲自担任总指挥的最高级别的战役-战略训练。

（二）战斗训练领导体制

战斗训练属于军事建设管理系统，为"国防部战斗训练总局—军兵种战斗训练总局—军区（联合战略司令部）战斗训练局—部队"四级战斗训练体制。具体来看，国防部战斗训练总局和各军兵种战斗训练总局负责领导与管理军事训练。国防部战斗训练总局在俄国防部各"总局"系列中排首位，是主管战术理论创新与应用的主要职能机构，负责领导、监督、指导、协调整个武装力量的战斗训练工作，直接隶属于主管战斗训练的国防部第一副部长（总参谋长）。其主要任务是组织和实施武装力量战斗训练，对武装力量战斗训练指挥机关指挥活动实施业务指导；协调负责初级人才训练的军事指挥机关的活动；指导战斗训练教学、训练物资基地和培训用技术设备的发展，指导武装力量战斗训练保障，供给机关依据保障目录履行职责；等等。各军兵种司令部下设战斗训练局等军事训练机构，负责组织、实施与检查本军兵种部队的战斗训练工作。军兵种战斗训练局由主管训练副司令领导，其职能是组织、实施和检查本军兵种、兵团和部队的战斗训练，包括制订训练计划、检查训练实施情况、组织训练保障等。军区（联合战略司令部）战斗训练局负责辖区内各军种部队的战斗训练，并接受相应军种战斗训练局的业务指导。军区以下各级部队也都设有相应的战斗训练处或科，由主管副职负责。需要说明的是，军区（联合战略司令部）战斗训练局与本级参谋部平行，旅及相应战术兵团的战斗训练科则设在本级参谋部编成内，在参谋长领导下开展工作。

（三）战役训练领导体制

战役训练由总参谋部、军区司令部、战役司令部负责领导与管理。总参谋部拥有对全军战役训练实施统一领导的全权，负责制订全军统一的训练计划，领导与管理全军的战役训练，并组织跨军区联合战役训练行动。军区司令部、战役司令部负责领导与管理本级的战役训练。战役训练机构归属于作战指挥系统，领导指挥机构按层级包括：总参谋部战役训练局—联合战略司令部（军区）作战局战役训练处—战役司令部参谋部战役训练部门。总参谋部战役训练局直接隶属于总参谋部，其主要任务是组织武装力量当前和中期训练计划；在俄联邦武装力量负责人的领导下，准备和保障实施武装力量、国防部部长和（或）

总参谋长（国防部第一副部长）参加的战役训练举措；组织和监督武装力量战役训练举措的实施、协调和核准；分析和总结武装力量战役训练经验并提出完善建议；在国防部部长的领导下，组织准备和保障实施上一训练年度训练，总结并制订下一年度训练计划；依据预先达成的协议（协约），计划、准备并保障实施本国武装力量与外国（独联体成员国、集安组织成员国、上合组织成员国及其他国家）军队的联合训练行动；组织和制订国防部军事指挥机关和负责人每月日常训练计划。联合战略司令部（军区）作战局战役训练处负责根据本战略方向下的战役军团训练课题和战役拟定辖区内各军兵种部队的战役训练计划并组织实施。

二、陆军战役训练领导与管理体制

依据陆军编制体制变化，建立陆军战役训练领导与管理体制。武装力量"新面貌"改革初期，俄国防部、总参谋部深入分析了2008年爆发的俄格战争中暴露出的俄军战备水平与现代局部战争要求严重不相适应的矛盾，认为武装力量战争准备的基点已经由重点应对大规模战争转变为打赢核遏制条件下的高技术局部战争和有限规模的武装冲突。在可预见的未来，陆军担负的任务已经从应对大规模的地面战争转变为应对在俄边境、独联体地区及与邻近国家可能发生的地区冲突。在俄格战争中，从表面上看，俄军取得了决定性胜利，基本达成了自己的战略目标，但在这场以大胜小、以强胜弱的"大象对蚂蚁"的局部战争中，俄军，特别是俄陆军在编制结构、作战指挥体制等方面暴露出一系列问题，如结构层级过于庞杂、作战指令流转周期过长、指挥效率低下、师级部队行动缓慢、团级部队作战能力不强等。俄军意识到，这种按大规模机械化战争设计的军—师—旅—团—营编制过于庞杂笨重，已难以适应21世纪的战场环境和现代战争的要求，必须打破传统的大陆军建设发展模式，向更为灵活的编制体制过渡。因此，简化陆军指挥层级、提高指挥效能、实现陆军作战力量的常备化转型迫在眉睫。

　　在《2020 年前俄罗斯联邦武装力量建设与发展构想》《2011—2015 年俄罗斯联邦武装力量建设和发展计划》等战略性文件指导下，在时任国防部部长谢尔久科夫的推动下，俄对陆军的编制体制结构进行了根本性调整，俄陆军作战力量现代化建设由此进入了深化改革的新阶段。在保留集团军建制、强化战役军团力量部署的同时，以裁撤、缩编、拆分、加强等形式将 23 个坦克师、摩步师、机炮师及所属团改组为 112 个机动能力和独立作战能力更强的新型常备作战旅，直接向军-旅制过渡。根据作战地域情况和任务需求，仅保留了东部军区守卫千岛群岛的第 18 机炮师。新型作战旅基本建成了齐装满员、作战能力强、"平战一体"的常备部队，能在 1 小时内完成平战转换。平时，能灵活遂行各种作战任务；战时及武装冲突中，既可独立在陌生地域实施作战，又能在最短时间内在某一个战略方向上组建作战集群。在编制员额上，新型坦克旅约为 2900 人，摩步旅约为 4300 人，防空旅约为 3700 人。至 2011 年，在俄陆军编制体制中已经初步确立了军-旅制的主体地位，新型作战旅成为陆军的基本战术单元，原来以师和团建制为主体的作战力量体系已不复存在。在核威慑平衡和经济发展相互依赖的条件下，未来发生世界大战和俄罗斯遭受传统样式大规模军事入侵的可能性大幅降低，可以说，"师改旅"的基本方向是正确的。但以美国为首的"北约"在俄罗斯周边地区仍然部署了强大的地面作战力量，一旦世界形势突变，部分改编后的"旅"，不论是从部队员额还是武器装备角度来说，都难以应对复杂条件下中等强度以上规模的武装冲突和胜任孤立方向上多样化的作战任务，特别是在西部、西南战略方向上，机械化战争时代的火力战、运动战仍将是主要作战样式，陆军师（团）的作用仍不可或缺。当然，这种激进的"师改旅"方案既没有经过全面的调研与论证，也没有充分考虑重点战略方向的安全需求，在一定程度上影响了陆军部队的作战能力，留下了诸多安全隐患。

　　2012 年底，谢尔久科夫被解除职务，新任国防部部长绍伊古结合国家安全战略环境和战争形态的发展变化，在对陆军新型作战旅组建、运行情况进行全面调研的基础上，在确保改革大方向不变的前提下，对在前期陆军编制体制改革中采取的一些不合理、过激举措进行了适度纠偏和优化重组，重新明确了"需求牵引、面向战场"的改革思路，在重要战略方向上恢复重建部分坦克师、摩步师，强化陆上重装对抗作战能力。如为加强莫斯科地区的陆上重装对抗与防御力量，2013 年俄陆军恢复了改革期间被裁撤的第 2 近卫摩步师和第 4 近卫坦克师原有的师级建制，并重新授予"塔曼"摩步师和"坎杰米罗夫"坦克师荣誉称号和奖章。同年，俄还恢复了驻塔吉克斯坦第 201 军事基地[1]的师级编制。在先进的自动化指挥系统支撑下，局部恢复"师—团"体制，与减少指挥层级、提高作战效率的现代联合作战要求并不相悖。特别是随着乌克兰和北高加索方向现实威胁的不断增大，俄陆军进一步加强了西部和西南战略方向的兵力部署，有针对性地新建、重建了若干师级单位。如在西部军区第 20 集团军组建新的摩步师，在南部军区第 49 集团军组建第 150 摩步师。与机动性更强的作战旅相比，重新恢复师级建制的部队均按模块化原则统一编成，具备更强的火力突击能力，能够在宽大正面和战术纵深上执行陆上攻防作战任务。新的"旅—营"和"师—团"双轨体制并行的战场配置，使俄陆军编成更趋均衡合理，使其在各战略方向上的战场部署更具威慑力，有利于其根据具体战争形态和战场态势，合理选择模块化行动部队，有效遂行多样化作战任务。职能任务的拓展必然会引起陆军军事训练领导与管理体制的改变。为尽可能使训练与作战保持高度一致，俄军重新建立适应军事训练行动（联合训练、联合演习）特点的陆军训练战役领导体制。即把原来多级领导体制调整为三级式战役训练领导体制：武装力量总参谋部、军区（联合战略司令部）、陆军集团军（战役司令部）。把原先隶属于总参谋部作战总局的战役训练局升格为与总参谋部作战总局、情报总局、组织动员局等部门并列的直属局，负责包括陆军在内诸军兵种

---

[1] 第 201 军事基地驻于塔吉克斯坦首都杜尚别，是俄罗斯在外最大的军事基地，也是俄在中亚地区最重要的"力量支撑"。该基地成立于 2004 年 10 月 17 日，其主要力量为原驻塔吉克斯坦的第 201 摩步师。编制员额 4168 人，合同制士兵占士兵总数的 50%，编有 4 个摩步团、1 个炮兵团、1 个防空导弹团及若干直属分队。

战略-战役联合训练的筹划、指导、监督，协调跨军种、跨部门的联合训练等。

三、陆军战斗训练领导与管理体制

俄陆军战斗训练领导与管理体制同样经历了复杂的演变过程。以前，陆军战斗训练总局兼管全军各军兵种军事训练的计划、协调工作。后来，俄军成立了国防部直属的军事训练和队务总局，由国防部第一副部长兼任该局局长，其主要职能是统一筹划管理全军的军事训练和联合训练。同时，把陆军战斗训练总局降格为局级部门，其级别和职能与其他军种军事训练局保持一致。2010 年 12 月，随着联合战略司令部的组建，俄军撤销了军事训练和队务总局，各军兵种司令部所属的军事训练局成了本军（兵）种组织实施军事训练的最高领导机关，负责具体筹划、组织和协调训练工作。同时，陆军战斗训练局重新恢复为陆军战斗训练总局，负责主管陆军军事训练，兼顾协调其他军兵种和内务部、边防局等强力部门所属部队的军事训练。但在多次演训实践中，这种管理体制暴露出种种弊端，如跨军兵种联合军事训练因统筹规划不足、协调沟通不畅而难以有效组织实施，各级军事训练之间也难以进行有效衔接。鉴于此，2012 年 12 月，俄军恢复了国防部战斗训练总局编制，并将其纳入主管训练的国防部第一副部长（总参谋长）的直接管辖之下。重新恢复国防部战斗训练总局，旨在纠正以前由陆军负责协调各军兵种军事训练的做法，强化国防部对全军军事训练和联合训练的统筹规划和科学管理，加强诸军兵种部队军事指挥机关之间的沟通协调及提高跨军兵种部队集群的战斗力。国防部战斗训练总局的主要任务包括：领导武装力量的军事训练，协调包括陆军在内的各军兵种军事训练领导机构的行动；逐步提高各跨军种部队集群的战斗力；完善和规范军事训练组织实施的相关工作；组织实施全军军事训练和联合训练，对军队年度训练情况进行总结，并筹划下一年度的训练任务。国防部战斗训练总局重组后，俄军军事训练组织、协调工作效率明显提高，各军兵种部队进行军事训练的积极性显著增强，战术和战役-战术层面指挥人员训练水平大幅提升。在国防部战斗训练总局的领导下，俄陆军军事训练实行陆军总司令部—集团军—作战旅三级训练领导体制。各兵种司令部下设军事训练局，集团军（军团）司令部下设军事训练处，旅（相应级别的战术兵团）司令部下设军事训练科，负责所属部（分）队军事训练的筹划、组织与实施。陆军各兵种司令部不再担负战役训练领导与管理职能，只担负战斗训练的领导与管理职能。

四、军区内陆军军事训练领导与管理体制

为适应战争形态发展演变的需要，在武装力量"新面貌"改革框架下，俄军依据国土防御的战略方向和面临的现实安全威胁重新划设军区，在原来六大军区基础上整合组建西部、南部、东部、中部四大军区。[1]2020年，俄军将"北方联合战略司令部"[2]改为俄军的第五大军区，实际上为北部军区。至此，俄军共有五大军区，即五大联合战略指挥部。

---

[1] 西部军区于2010年9月1日在莫斯科军区与列宁格勒军区基础上组建，司令部设在圣彼得堡。辖区包括25个联邦主体，面积约为259万平方千米。下辖陆军第1近卫坦克集团军、第6集团军、第20近卫集团军，海军波罗的海舰队，空天军第6空防集团军，驻德涅斯特河沿岸地区。南部军区于2010年10月4日在北高加索军区和黑海舰队、里海舰队基础上组建，司令部设在顿河畔罗斯托夫。辖区包括15个联邦主体，面积约59万平方千米。下辖陆军第8、49、58集团军，海军黑海舰队、里海舰队，空天军第4空防集团军，第102军事基地。东部军区于2010年10月中旬在远东军区与西伯利亚军区东部和太平洋舰队基础上组建，司令部设在哈巴罗夫斯克。辖区包括11个联邦主体，面积约为691万平方千米。下辖陆军第5、29、35、36集团军和第68步兵军，海军太平洋舰队，空天军第11空防集团军。中部战区于2010年10月12日在伏尔加河沿岸-乌拉尔军区与西伯利亚军区西部基础上组建，司令部设在叶卡捷琳堡。辖区包括29个联邦主体，面积约为690万平方千米。下辖陆军第2近卫集团军、第41集团军，空天军第14空防集团军，第201军事基地。

[2] 北方联合战略指挥部于2014年12月1日正式组建，司令部设在北莫尔斯克。由此，北方舰队被赋予军区的地位和职能。辖区包括8个联邦主体，面积（含海域面积）约119万平方千米。下辖北方舰队、第45空防集团军及直属部队。

每个军区承担不同战略方向上的使命任务。在该体制下，陆军成为联合部队集群的陆上作战力量，与海军、空军处于同等地位。军区作为战略方向上的联合作战司令部，增设了陆军训练与使用局、防空兵与航空兵局、海军局，这些机构是辖区内相应军种军事训练的指导与协调部门。包括陆军在内的俄军各军种总司令部的职能也相应做出调整，主要负责筹划军种建设与发展、组织实施兵种军事训练及专业保障等。同时，恢复了军区跨军种军事训练领导机构的领导地位，负责辖区内各军兵种部队、强力部门所属部队的战役-战术级联合训练。军区（联合战略司令部）被赋予对辖区内包括陆军在内的诸军兵种部队进行联合指挥、联合训练、联合保障等职能。新的军区组建后，为确保其对所辖部队的统一指挥，俄军明确了军区司令部及司令员的指挥权限，即军区司令部是联合战略司令部，军区司令员是联合战略司令部司令员。平时，联合战略司令部担负辖区内的国土防御任务，组织所属陆军、海军、空天军部队开展联合训练；战时，作为战略方向上的联合作战指挥机构，负责直接隶属、作战隶属和专门隶属的各军兵种部队的联合作战和保障，并对辖区内内卫部队、边防部队及紧急情况部、联邦安全局等所属部队实施统一指挥。2022 年 12 月 21 日，俄军召开国防部年度扩大部务会议。此次会议是在特别军事行动仍在继续的关键时期召开的一次重要会议，任务是借鉴特别军事行动作战经验，探讨军队发展建设问题。国防部部长绍伊古在报告中指出，未来，俄军将组建 2 个跨军种战略司令部，即莫斯科军区和列宁格勒军区。俄陆军将依据新军区的使命任务相应调整训练体制和管理体制等诸多方面。

五、陆军总司令部的职能

在新一轮改革中，俄罗斯对军区进行合并重组后，取消了陆军总司令部的作战指挥权。陆军总司令退出作战指挥链，其基本职能发生了根本变化，战略力量指挥权上交给总参谋部中央军事指挥机构，战役力量指挥权移交给军区（联合战略司令部）。陆军总司令部主要负责在战略层面上规划军种的建设与发展，组织和落实陆军建设措施、部队的日常活动及军事训练等工作；制订和组织实施部队的战斗准备和动员准备计划；制订部队的武器装备保障计划等；战时负责领导组建和训练预备队，组织后方的防御及技术保障工作。也就是说，在组织、落实和监督军事训练方面，陆军总司令及司令部制定陆军条令文件，制定各级指挥员训练、分队战斗训练及陆军兵团和部队合练大纲，国防部涉及陆军在训练年度展开训练的法规性文件等。此外，陆军总司令部还负责组织武装力量参与维和行动、参与消除紧急情况（人为和自然）后果等行动。

第二节　军事训练计划制订的流程

俄陆军严格按层级制订军事训练计划，使各层级部队能够在最短的时间内了解本级军事训练计划，以便及时展开训练。

一、集团军以上级别训练计划的制订

总参谋部制订全军统一的训练计划，并由总参谋长兼国防部第一副部长下达训练命令，向全军提出本年度训练的基本任务，而后各军兵种、军区、舰队及其所属各级部队再根据总参谋长的命令和自身情况，逐级下达训令和指示，据此组织和实施各项训练。各军兵种、军区直至集团军一级，根据全军统一训练计划，结合自身特点，层层制订各自的训练计划。其中，战役训练在军事行动的规模、战略方向以内的，由所属战役军团组织；跨战区的，由总参谋部组织。最高级别的战役训练，如每年一度的大规模战略战役演习，由总参谋长亲自组织，国防部部长或总统亲自担任训练活动的总指挥。

二、师团级以下部（分）队训练计划的制订

师团级以下部（分）队的训练主要根据战斗训练总局制定的战斗训练大纲，并结合战役训练计划的要求组织。战斗训练计划的制订权限如下：兵团制定训练年度战斗训练大纲；部队制订训练期战斗训练计划并明确每个月的任务；营制订月战斗训练计划和训练期训练科目时间分配表；连制定周作业时间表。

第三节　军事训练运行机制

军事训练运行机制是规范军事训练行动运作方式的制度，是军事训练体制的重要组成部分。科学的军事训练运行机制可以保证军事训练行动高效、协调及有序运转。鉴于俄陆军训练系统包含多个子系统，每个系统都有一套运行机制，本节重点研究俄陆军战斗力生成过程中的军事训练运行机制，包括军事训练周期和阶段划分、新兵训练周期及分流。

一、军事训练周期和阶段划分

俄陆军认为，部队在某个时间段内作战能力的强弱与其训练周期密切相关。为科学、合理安排训练时间，俄陆军以"常备能战"为宗旨，不断调整和优化军事训练运行机制，遵循战斗力生成基本规律循环进行训练，每个循环所用的时间即为一个训练周期。在每个训练周期，又把训练过程划分为若干阶段。

2010 年以前，俄陆军将训练年度划分为冬训期和夏训期两个训练周期，每个训练期为 5 个月。冬训期主要用于基础科目的训练，夏训期主要用于各种项目的考核、逐级合练和综合演练。随着武装力量"新面貌"改革的持续推进及陆军使命任务的拓展延伸，为进一步优化使

用训练资源和科学安排训练时间，最大限度地减少部队训练与遂行任务之间的冲突，解决军事训练在低效能、低层次上徘徊及片面追求数量而不顾质效的问题，同时为更好地适应现代局部战争及武装冲突的特点，快速提升陆军部队的战斗力，俄陆军不断调整、优化训练大纲，科学设计训练周期。按年度军事训练计划制定新的军事训练周期，形成新的运行机制。自 2010 年起，为更均衡、合理地安排训练科目，确保部队训练的连续性，俄陆军摒弃过去所有部队在同一时间段内进行军事训练的传统做法，开始试行新的训练运行机制，实施"全年训练、全年备战"的训练周期。即在军事训练总体目标、内容及要求的框架内，各部队根据作战方向、作战任务、任务区地理环境、训练保障条件等关键要素，不再严格划分冬训期和夏训期，而是按 10 个月训练期开展训练。同时，为确保部队和人员不漏训，俄陆军还划定了若干个时间段，适度错开各部队开训的时间节点，部队可根据自身训练实际情况灵活选择在 1 月、5 月和 11 月开训。同时，训练日时间增至 8 小时，在进行野外训练作业时，训练日时间增至 10 小时；单兵训练和分队战斗合练的时间，以及按科目进行的综合作业的计划实施次数也相应增加，而后用 1 个月的时间分两个阶段进行军事训练总结，查找军事训练中存在的不足，制定相应的整改措施。第一阶段检验单兵训练水平，第二阶段考评部（分）队合练水平，但训练周期的划分也不是绝对的。目前，俄陆军将新老两种训练运行体制结合使用，即把训练年度划分为夏训期和冬训期两个训练期。夏训期从 6 月到 11 月，冬训期从 12 月到翌年 5 月。

对近年来俄陆军军事训练情况的分析表明，其常备兵团及部队还不完全具备在不进行补充训练及合练的情况下完成既定战斗任务的能力。俄陆军认为，在当前状态下，新的战斗力形成周期为 5~7 年，这是制定（更新）军事训练大纲的重要依据。基于此，2014 年，俄陆军专门颁布了新的摩步分队军事训练大纲，重新明确了摩步分队军事训练的方向、内容及过程。新大纲遵循了战斗力的生成周期，强调按模块化原则实施训练。训练共包括6大模块：单兵训练、防御、进攻、行军、特种任务训练及兵团训练。每个训练模块的内容都是实施诸兵种联合训练所必需的。在训练结束阶段，要进行检验性战术作业，以此来评估军人的训练水平和职业技能（见图1-1）。

冬训期 →

战斗准备	单兵训练	班合练 防御 进攻 行军 特种任务	排合练 防御 进攻 行军 特种任务	连合练 防御 进攻 行军 特种任务	准备阶段

夏训期 →

战斗准备	单兵训练	班合练	排合练	连合练 防御 进攻 行军 特种任务	营合练 防御 进攻 行军 特种任务	部队检查	准备阶段

图 1-1　2014年俄陆军部（分）队训练期及内容划分

随着军队使命任务的不断拓展，2015年，俄陆军及时调整了训练标准，重新划分了任务模块。部（分）队应能够按照模块原则组织军事训练，在规定时间内完成训练任务。即在3个月内，具体分队（连、营）要准备好完成既定任务；在5个月内，考虑到兵团（部队）内部互换，所有分队（连、营）要准备好完成战斗任务。在第一个训练年度，分队（连、营）要准备好在各种复杂环境、气象条件下，在各作战方向上完成战斗任务；在第二个训练年度，分队（连、营）按照有关诸兵种战斗准备及实施方面的战斗条令，准备好完成战斗任务；在第三个训练年度，考虑到职能任务的变化及人员编成的调整，分队（连、营）准备好完成战斗任务（见图1-2）。

图 1-2 2015 年俄陆军部（分）队训练期及内容划分

二、新兵训练周期及分流

在明确部（分）队训练周期和阶段划分的基础上，俄陆军遵循战斗力生成基本规律，严格划分新兵（初级人员）训练周期，按层次从简单到复杂施训。自 2008 年 1 月 1 日起，俄军义务兵服役期限缩短为 1 年，新兵受训时间仅为 3 个月。实践表明，在如此短的时间内，新兵难以掌握相关军事专业知识和复杂武器装备的操作技能。为此，2013 年，俄国防部颁布了新的训练大纲，把新兵训练周期由 3 个月增至 4 个月。俄陆军新兵补充实行先训后补，新兵训练由新兵训练中心（又称军区教导中心）负责。目前，每个军区通常编 2~3 个新兵训练中心，采用为期 4 个月的初级专业人员训练大纲。新兵在掌握了共同科目的技战术基础后，经过严格的考核评定，按成绩与特长进行分流训练，即在基本掌握武器装备的操作技能和进行初步的战术合练后，一部分进入职业军士训练机构，按军士训练大纲再进行为期 4 个月的培训，成绩合格者将担任班（车、炮）长或专业技术职务；另一部分有技术特长者进入专业兵训练队，进行 4~5 个月的专业培训，成绩合格者将评定技术等级并编入相应部队；其余部分人员补充到一般分队。这种边训边分流的做法，能充分发挥每个新兵的特长并挖掘其潜能，做到人尽其才。

三、军事训练周期和阶段划分的合理性、可行性和有效性

俄陆军注重强化受训者完成作战任务所必备的理论知识和职业技能培训，其军事训练周期和阶段的划分具有合理性、可行性和有效性。

第一，极大提高了军事训练的针对性。陆军单兵、部（分）队注重在各种极端、特殊气候条件及高寒、山地环境下进行针对性训练。

第二，确保了军事训练运行科学高效。为加强部队作战能力建设，在陆军总体训练目标、内容及要求框架内，各部（分）队可根据作战方向、作战任务、训练保障条件等灵活确定自身训练周期，即在全年的任一时间点上，部队有的在从事日常事务或调休，有的在军事训练中心（基地）进行演训，有的则在驻地实施战斗训练，担负战斗值班任务，实时保持战备状态。如此，既能确保所有部队及单个人员不漏训，又能合理错开各部队开训的时间节点。这种做法有效解决了陆军各级部队临时休整、军事训练和执行任务之间相互冲突的矛盾，确保陆军始终有相当规模的部队处于高度战备状态，能在任何时机、任何地点对任何突发事件迅速做出反应。

第三，充分发挥了各级军事训练中心的作用。俄军的每个军区都建有大型军事训练中心，部队也建有适度规模的训练基地。通过划分训练周期和阶段，可使各类部队都有在诸如西部军区最现代化的军事训练中心进行单独训练或与其他部队进行对抗训练的可能，最大限度地发挥军事训练中心的训练保障功能。

第四节　多级多域的联合训练

随着新军事革命的深入发展，世界主要国家在积极推进军队训练改革的过程中持续深化、拓展联合训练，将其视为加强军队建设与做好战争准备的重要内容、提高军队威慑能力与作战能力的重要方式和转变战斗力生成模式的突破口。尽管俄军在学术和军语中一直称作"合成作战和训练"，对联合作战和训练没有明确的界定和概念，但从其近年来演习、训练的实际情况及在权威报纸杂志上发表的学术文章来看，其所谓的"合成作战和训练"实质上就是联合作战和训练。特别是在新一轮改革中，俄军认真吸取了近年来局部战争的教训，将联合训练作为军队训练改革的一个重要方向，不断探索联合训练的组训模式，积极推动部队训练向联合训练方向转型，着力提高诸军兵种部队和各强力部门力量的联合训练与联合作战能力。在俄军军事训练体系内，联合训练一般是指跨军兵种训练、跨部门训练和跨国训练，是俄联邦武装力量内诸军种之间、武装力量与其他强力部门之间、武装力量与其他国家的军队之间，在统一的指挥机构指挥下实施的训练。俄陆军在打牢军种内诸兵种之间合成训练的基础上，积极参加各种规模与类型的联合训练，把与其他军兵种、强力部门共同实施的联合训练，以及参加各种形式的国际联合军事演习，作为查找自身短板、提高作战能力的有效方法之一。特别是武装力量"新面貌"改革以来，俄军开始把跨军种联合训练摆在优先位置，战役联合训练成为重要训练内容，并极力推进军种间战术级联合训练。陆军积极探索实施联合训练的有效机制与方法，紧紧围绕联合军事行动的作战任务与需求，在可能遭受威胁的方向、陌生地域组织实施跨军区联合训练，同时不断加大参加国际性军事演习的频度、力度。通过开展主题鲜明的联合训练，达到提升部队战斗力和扩大陆军在武装力量范围内及在国际上的影响力的目的。联合作战是合同作战的发展，是俄军当前作战思想的一个显著特点。目前，俄军已将联合作战样式写入作战条令，未来将在统一信息空间内遂行联合作战任务。

一、多视域划分联合训练类型

未来战争必然是多元参战力量在广域多维战场空间相互协同的作战，地面部队要更多地与其他军兵种部队、强力部门力量甚至他国军队密切协同、联合行动，充分发挥整体作战效能，合力完成作战任务。因此，俄陆军根据军事训练大纲及年度军事训练规划积极组织参加多层次、多领域的联合训练。

一是依据参加主体划分联合训练类型。陆军是联合训练主体的重要组成部分，主要参加三类联合训练活动，即跨军种联合训练、跨部门联合训练及与外军联合训练。跨军种联合训练是指三大军种（陆军、海军、空天军）和两个独立兵种（战略火箭兵、空降兵）之间的联合训练，通常在战役训练和战斗训练的框架范围内实施。该训练的主要形式是带部分实兵的首长-司令部演习及实兵演习，主要训练内容包括联合火力打击、联合防空、登陆与反登陆作战等。跨部门联合训练是指俄武装力量（专指国防部所属军队）与内务部、紧急情况部、联邦安全局、联邦警卫局等强力部门及地方权力机关之间的联合训练，以应对非传统安全威胁科目为主，如联合反恐、维稳处突、抗震救灾等。随着战争形态的发展演变，特别是"混合战争"理论的出现，俄军愈加重视开展军地、军民跨部门联合训练。近年来，俄军在各大战略方向上举行的大规模战役战略演习均具有跨部门性质，旨在强化武装力量与各强力部门、地方权力机关之间的协作，增强跨部门联合作战能力。如在"高加索-2016"战略演习中，除武装力量诸军兵种部队外，俄联邦内务部、紧急情况部、联邦安全局、联邦警卫局等强力部门所属部队及相关国家机关、地方政府均参加了此次演习。与外军联合训练的主要形式是联合军事演习。俄军十分重视与其他国家的军队举行联合军事演习，认为这类演习不仅能提高参演国共同应对多样化安全威胁的能力，提升参演军队之间的协同与互信水平，而且能达到强化与盟国和友好国家之间军事互信与军事合作水平、保持扩大军事影响力、威慑现实及潜在对手等一系列战略目的。通过举行和参加多边、双边联合军事演习，俄军积极消化与吸收和外军联合训练的组织方法与宝贵经验，不断探索符合自身实际的联合训练模式与管理体制。

二是依据训练层次划分联合训练类型。俄军把联合训练主要划分为三个层次，即战略级联合训练、战役级联合训练、战术级联合训练。战略级联合训练，通常在俄军总体军事训练框架内，由战略、战役-战略层级军事指挥机关根据国家面临的安全威胁和战略需求，针对不同的作战对象组织实施。俄军官方并未正式公布战略级训练的概念，但其已存在于具体训练实践中。联合训练在战役训练中所占的比重很大，战役训练一般是联合性的。自武装力量"新面貌"改革以来，俄军根据国家面临的地缘安全威胁，对军区进行了重大调整。前面已做简要说明，此处不再赘述。2013年7月，俄联邦总统批准通过了新版的《俄联邦武装力量军区条例》（以下简称《条例》）。《条例》规定，军区的地位由"陆军诸兵种合成战役战略军团"升级为"地区性跨军种联合战略军团"，军区指挥机关由"战役战略司令部"升级为"联合战略司令部"，正式明确了军区在联合作战和联合训练中的权限。军区（联合战略司令部）按军队战时任务预案组织本辖区内诸军兵种部队的战役级联合训练，其演练科目、训练内容主要聚焦应对国家面临的传统安全威胁。其他合成部队司令部组织战术级联合训练。陆军部队在军区统一的军事训练计划内组织实施战术级联合训练。从俄陆军军事训练发展轨迹来看，在以军区为基础组建联合战略司令部后，联合训练由战略级、战役级进一步向战术级拓展延伸，战术级联合训练的比例明显增加。2013年以来，俄军加强了战术级跨军兵种联合演训，把联合训练拓展至营及营以下分队。

二、顺应联合作战需求，深化联合训练

随着国际安全形势的深刻变化和世界新军事革命的加速推进，现代战争进入"无战不联""无联不胜"的新时代，"联合"成为世界主要国家军队的共同追求。联合作战基于联合训练，联合训练服务联合作战。通过对近年来局部战争和武装冲突特点的分析，俄陆军更加清晰地意识到，现代战争及武装冲突的进程和结局越来越取决于参战各军兵种部队及相关力量之间的密切协同、联合行动。自武装力量"新面貌"改革以来，为更好地适应未来战争的需求，俄陆军更加注重与其他军兵种、各强力部门开展联合训练，把联合训练摆在军事训练的优先位置。在俄军总体训练规划框架内，陆军在年度训练计划中，把军区建制内战役军团之间的联合训练、跨军区战役军团之间的联合训练、军兵种战役军团与各强力部门和地方权力执行部门之间的联合训练等列为重要的训练内容。在2010年四大军区成立后，为更好地适应新的编制体制，俄军把跨军兵种联合训练作为军区的重要训练内容。鉴于此，陆军的军事训练目标更加明确，就是要在联合训练实践中不断提升部队战斗力。

一是运用武装力量"新面貌"改革成果推进陆军联合训练。武装力量"新面貌"改革前，俄军区跨军种联合演训需经总参谋部协调后方可组织实施，联合指挥以诸军种部队互换作战组的形式实现。"新面貌"改革以来，俄军充分意识到，未来战争的主要样式将是陆、海、空等多军兵种的联合作战，任何一个军种或兵种都有可能成为作战的主力，而其他军（兵）种则作为支援力量。为此，俄陆军突出强调参加跨军种联合集群演练，并力推陆军联合训练实现常态化。

按照新的军事训练计划，基础性训练由陆军各兵种部队自行组织，而战役以上规模的联合演训则由军区统一组织。在战役以上规模演习中，俄陆军重点演练在跨军种联合部队集群中陆军的作战使用问题，如在"西部""东方""中部"等系列演习中，均组建陆、海、空诸军

种联合部队集群，由军区司令员负责统一指挥。2011年9月，在"中部-2011"战略演习中，俄军首次演练了将辖区内空降兵部队指挥权移交给军区司令员的相关科目。鉴于此，俄军逐步建立了以军区为基础、平战一体的联合作战指挥与管理体制，军区诸军兵种部队联合演训常态化机制随之建立。同时，通过组织不同类型、不同规模的演训活动，进一步检验、磨合、完善新的联合作战指挥体制。2012年，普京总统明确表示，要加紧更新训练大纲和作战条令，加大跨军种、跨部门和跨军区联合演训的力度。

在联合训练中，俄陆军逐步适应自身角色的变化，摒弃"大陆军""打大仗"的传统思想观念和"以陆军为主体，其他军兵种支援配合"的合同作战思想，强调诸作战单元必须紧紧围绕联合作战目标，整体协调行动，共同完成作战任务。因此，陆军平均每年至少参加1次战略方向跨军种大规模联合演习，每个训练期至少举行2~3次战役级跨军兵种联合演习。参加各层次的联合演习已经成为陆军军事训练必不可少的组成部分。2015年6月，国防部部长绍伊古在武装力量相关领导人电视会议上指出，年度冬训共组织实施了886场各层次演习，陆军参加了其中260场跨军种性质的联合演习。

二是探索陆军与其他军种联合实施精确作战的新思路。俄军认为，火力是战役战斗的重要组成要素之一，占据火力优势是达成作战目标的基础。但随着各种高新技术广泛应用于军事领域及高精度武器的不断涌现，现代战争及武装冲突的精确性、非接触性等特征愈加凸显，陆军以接敌突击、重装对抗、炮火覆盖为主的传统、粗放型火力打击模式显得"力不从心"。而高精度武器在打击距离、目标选择、命中精度、毁伤威力等方面均具有更高效能，其对于夺取战场火力优势，进而达成作战目标起到愈加重要的作用。为此，俄陆军在训练中逐步探索与其他军种联合实施精确作战的新思路，在火力打击和目标摧毁上强调综合运用精确打击武器对敌核心要害目标实施打击。俄新版军事学说及战役教令明确规定，运用精确打击武器毁伤敌部队集群和打击敌战役布势纵深内的重要目标，是俄军作战运用的重要原则之一，这为探索陆军实施精确作战新思路提供了法规层面的依据。此外，俄国防部牵头建设"跨军种联合精确武器试验场"。在近年来的演训实践中，陆军将高精度武器的作战运用作为演练的重点内容，不断加大演练运用高精度武器打击敌重要设施、关键节点的能力。在"东方-2014"战略演习中，重点检验了东部军区陆军陆基"圆点-U""伊斯坎德尔-M"导弹对敌重要目标实施远程精确打击的实战效能，演练了陆军兵器与其他军兵种兵器协同作战科目。在"高加索-2016"演习中，各参演部队运用"伊斯坎德尔-M"导弹、图-160和图-22M3轰炸机、"达吉斯坦"号导弹护卫舰等陆、空、海远程精确打击武器，对敌战役纵深内的关键目标实施联合火力打击，顺利达成瘫痪敌作战体系效果。通过此类训练得到的检验数据具有很强的说服力，可为校正作战兵器的技术性能指标提供客观的数据支撑。

三是借助战术级联合训练寻找"联"的有效途径。自建立联合作战指挥体制后，俄军不仅建立了常态化的战略、战役级跨军种联合训练机制，还大力推动军种间的战术级联合训练。自2010年起，俄军总体上减少了大规模演习的数量，重点抓营以下战术单位的军事训练，目的是提高营级作战单位在独立方向（在脱离主力部队的情况下）上单独遂行作战任务的能力。2013年5月，俄国防部提出了新的联合训练方法，将跨军兵种联合训练的重心"下沉"至旅、营级战术部队。联合训练层级的"下沉"，对单个人员的综合素养提出了更高的要求。为此，俄陆军加大了战术级联合训练的力度，积极组织陆军合成旅、营与其他军兵种部队进行联合演习，通过演习检验合成旅、营综合作战能力及单兵作战能力，包括单个人员的战术素养、技术素养和驾驭新式武器装备的能力，同时查找与其他军兵种在"联"方面存在的不足，不断优化调整训练方案。此外，俄陆军还积极参加军种间的战术级联合训练。2013年夏训期，战术级联合训练的比率达到了40%，全年陆军共举行了300多场连级跨军兵种联合战术演习。

第五节　军事训练的形式与方法

军事训练形式是指训练过程的组织方法，其取决于训练目标和受训人员的组成及专业，训练科目、地点和持续时间，组训者及其助手，以及受训人员经历等具体情况，组训的物质技术手段和使用的武器装备等多种要素。结合受训部队与人员的特点，科学合理地运用各种军事训练形式和方法，是军事训练体系有效运作的最重要条件。

一、军事训练的形式

军事训练形式分为一般训练形式和具体训练形式。一般训练形式可分为以下四类：依据训练方向可分为理论和实践；依据组织形式可分为集体训练和单个人员训练；根据训练场地可分为室内训练和室外训练；根据训练时间可分为课内训练和课外训练——课内训练包括理论课、实践课、实弹射击和导弹发射、演习、军事推演等，课外训练包括讨论交流、会议、各种比武和竞赛等。

俄陆军部（分）队具体训练的形式主要包括讲座、讨论、座谈、班组作业、自学、示范、辅导（指导课）、练习、司令部训练、指挥所训练、战术作业、编组训练、战术编组训练、情景练习、战术演习、教学方法课、综合训练、实地演练、野外训练、指挥所演习、实弹射击、测试检查、竞赛（比赛）等形式。

二、军事训练的方法

通常情况下，每种训练形式包括一种或多种训练方法。训练方法是运用技术和方法的统称。使用技术和方法的目的是传授和吸收知识、形成技能和能力、培养军事人员高尚的道德和战斗素质，以及确保班组（机组）人员、部（分）队、战斗编组及其指挥机构之间的协同。在俄军部（分）队军事训练中，通常采用不同的、组合式的训练方法。

这些方法包括口头介绍训练材料、讨论研究材料、展示（演示）、练习、实践作业（在野外、空中、训练场、发射场、机场实施）、自学。这些常见训法用于训练俄军所有部门、部队和特种部队的军人。不同类别和专业、部（分）队、战斗编组、指挥机构（司令部）的军事人员的活动和训练的特殊性，决定了在军事训练实践中使用特殊的训练方法。特殊训练方法与一般训练方法相互关联，一般训练方法是掌握某一军事专业的特殊训练方法的基础。

每种训练形式和方法都与不同类型的活动相对应，主要取决于训练的课题、目标、问题，受训人员的类别，教学方法和物资技术保障等诸多因素。除上述形式和方法外，还可以使用其他形式和方法。

第六节　军事训练管理制度

为规范军事训练行动，确保训练质量，俄陆军建立了一整套相对完善的管理制度。这些制度如同一张网，网上各节点相互联通、交织有序、层次清晰，遵循单兵、部（分）队及兵团战斗力生成周期，科学施训，使军事训练始终处于良性运行状态，最大限度地避免军事训练过程中的随意性。

一、逐级计划制度

从武装力量各军兵种、军区垂直到基层营、连级单位，根据总参谋部制定颁布的全军统一训练大纲，结合自身担负的使命任务，层层制订符合自身实际、更为具体的军事训练计划。

二、先期集训制度

在每个训练周期开始前，组训者、施训者必须在相应的训练机构进行先期集训。通过教学法集训、战役法集训和各种业务集训，夯实组训者、施训者的基础业务技能，提高组训能力，为确保部队整体训练质量的提升打下坚实基础。

三、业务集训制度

各级军事训练领导机构成员定期参加上级组织的业务集训，旨在从更高层次筹划军事训练，提高军事训练的组织实施和领导指挥能力。同时，结合现代军事行动样式的发展变化，定期组织指挥参谋人员进行集训，不断提高其业务技能。

四、技术集训制度

由于武器装备更新换代速度不断加快，并能及时列装到基层部队，因此必须着力培养能够驾驭最新装备的专业人员和技术能手，达到人与机器、人与装备的最佳结合，最大限度地发挥各类新式武器装备的作战效能。

五、训练考核制度

训练科目结束后进行考核，是检验各级部队训练水平和作战能力的有效方法之一。通过考核可以发现问题，查找不足，总结经验，进而在下一步的军事训练中进行针对性的调整、改进，不断提升训练水平，提高训练效果。

六、例行演习制度

演习是俄军进行军事训练的重要方式之一。每年俄陆军部（分）队、兵团按年度军事训练计划举行军事演习，相关机构对演习进行考评，考评结果将作为年度训练总考核的重要指标之一。

七、军事警察辅助军事训练管理

一段时间内，由于军队内部贪污腐败、违法犯罪、事故频发等，俄军高层表示要坚决采取措施予以制止。2014 年 2 月，俄国家杜马通过了《军事警察法》，这标志着俄罗斯国防部军事警察机构正式组建完毕并开始履行职责。俄军把成立军事警察机构看作编制调整的一项重大举措。在机构设置上，采取垂直管理体制，国防部设军事警察总局，直接隶属于国防部部长，四大军区均设地区军事警察局。在职能任务上，主要包括严明军纪，发现、预防、制止军队内出现的违法犯罪行为，配合法律执行机构对违法军人进行审查、拘捕和押解。军事警察制度的建立、运行并通过其后的军事实践证明，此举在俄军军事训练管理中起到了非常重要的辅助作用，有效促进了军事训练的顺利实施。在平时的军事训练特别是在各种规模的演习中，军事警察主要担负警戒、巡逻、监督等任务，维护演习秩序，保证演习安全。

第七节　军事训练管理相关规定及落实举措

除建立一整套相对完善的军事训练管理制度外，俄陆军还补充制定了军事训练管理相关规定，以进一步规范军事训练行动，提升军事训练效果。

一、一般规定

军事训练管理是指挥员和军事训练机构（司令部）一项非常有针对性的活动，贯穿军事训练全程，直接影响军事训练的效果，其具体内容比较丰富。

（一）军事训练管理的主要活动内容

俄军军事训练管理活动主要包括规划和组织军事训练，协助和控制所属部（分）队及其指挥员和指挥机关组织军事训练；管理训练的实施过程；总结训练经验，提醒指挥机构和部（分）队需要注意的事项，对训练活动进行统计和报告；管理军事人员的训练和军事教育，协调所属人员、部（分）队及其指挥员和指挥机构的行动；监控训练过程，帮助下级指挥员和部（分）队有针对性地培训和管理实施军事训练的指挥员和参谋；提高和确认训练等级的组织认证工作；根据任务和标准组织所属人员和部（分）队之间的竞赛、比武；在部（分）队训练实践中，不断学习和实践先进经验；不断完善教材和武器装备，及时将最新辅助训练手段引入军事训练实践；统计和报告，及时、客观地总结军事训练成果。

（二）军事训练管理的要求

俄军规定，军事训练由各级指挥员亲自领导，并通过所属军事训练机构（司令部）进行指导。军事训练管理必须具体，确保全面、高质量地实施军事训练大纲和计划。其具体要求包括以下内容：军事训练内容符合军队条令规定，严格和完全遵守军事训练和教育的原则，充分考虑军事科学的成就、战争和武装冲突的经验，组织展开和运用部（分）队军事训练的前沿做法，有效利用和开发军事训练的基本教材和装备。

（三）军事训练管理遵循的原则

俄军认为，在实施军事训练管理过程中，应遵循功能性、社会政治性、社会经济性和组织性等主要原则。其中，功能性原则是指对所属人员和部（分）队进行科学的训练和教育，管理措施与当代各种管理科学发展水平相适应；社会经济性原则是指实施有计划且具有成本-效益原则的管理，并采取强制性经济激励措施。通常情况下，实施军事训练管理活动的其他原则还包括等级性和从属性、统一管理、专业化与合作性、集中化和分散化。

（四）军事训练管理相关人员的职责

俄军方在《军事训练手册》、《俄罗斯联邦武装部队条例》、《各军兵种总司令部条例》中，明确规定军事训练管理相关人员需要履行的共同职责和特殊职责；临时职责由武装力量、军事部门或特种部队的指挥员临时指定。

二、监控军事训练进度并提供帮助

监控军事训练进度并提供帮助是军事训练管理的重要组成部分，除了监控军事训练进度外，还为下级提供帮助，解决军事训练过程中遇到的自身无法解决的困难。俄陆军认为，监控并提供帮助的目的是为指挥员提供客观数据，反映所属部（分）队及其领导机构（司令部）执行军事训练任务的准备情况、人员训练水平、军事训练的实际情况、所属部（分）队执行纪律和人员服役等情况，涉及指挥员及其领导机构（司令部）的培训情况，以及计划、组织、实施和全面支持军事训练活动等诸多方面的问题。

（一）监控军事训练进度并提供帮助的主要内容

监控军事训练进度并提供帮助的主要手段是检查。俄陆军规定，检查的主要内容包括：核查军事训练计划和方案的执行情况，对各类所属人员军事训练的覆盖面；检查和评估所实施课程和演习的组织方法、所属人员军事训练水平及所属单位、作战编组和其指挥机构训练的连贯性；研究军事训练过程的检查结果，分析发现不足的原因，协助所属人员和单位组织开展消除这些不足的工作；制订计划措施，并指导领导和管理军事训练机关（司令部）的工作，弥补被检查人员、组织及其领导决定的不足；培训临时检查人员、组织和固定机构，采取有针对性的培训方法，进行示范课程展示，演示检查任务和内容，以达到检查人员和组织能够在被检查单位顺利、有针对性地开展工作的目的；检查发现消除工作中不足的情况。

（二）检查的具体措施

指挥员、军事训练机构（司令部）有义务持续监控所属单位完成分配的训练任务和检查训练过程的质量。部（分）队中高级指挥员通过有计划的工作及依据下属指挥员的报告，监控军事训练进度。其具体措施包括检查部队训练计划，检查部（分）队及其指挥机构和所属单位的年度训练计划，检查部（分）队的年度准备训练计划，检查主要训练活动的月训练计划，检查合成部（分）队训练期间内训练计划的执行情况。

（三）检查的组织层级及频率

俄军规定，根据国防部部长及国防部主管副部长的命令和指示，确定国防部军事训练相关机构检查的频率、期限和形式，并在部队训练规划文件中予以说明。在年度军事训练相关机构和部队的训练计划中，明确武装力量各军种、军区检查的频率、期限和形式。合成作战部队指挥员、副指挥员、兵种指挥员负责人必须每月至少检查两个部（分）队的训练质量。旅（团）部队指挥员每月至少检查两个分队。营长（相当级别人员）必须每月检查至少两个连的训练质量，具体措施是检查训练期间营（相当级别单位）的军事训练计划；检查军事训练主要活动月训练计划。营长拟订当月（周）个人训练计划，经直属首长批准。连长（相当级别人员）每周至少检查一个班、排（相当级别单位）的训练质量。在检查军事训练过程中，必须检查军事训练的总体情况，检查结果记录在军事训练日志中。

（四）检查的形式及内容

　　俄军规定，检查军事训练的形式分为日常检查和定期检查。日常检查的目的是确保训练过程的质量，纠正训练过程出现的偏差，防止军事训练出现负面效果。日常检查的内容包括：检查主要军事训练活动的准备情况，通过以老带新的方法培训下一批次训练活动的领导者；检查军事训练科目的内容是否按照计划落实、实施过程是否合理安全、训练方法是否科学高效；检查所属人员在训练中对训练内容和标准的掌握程度；检查训练教材和装备使用的适用性和效率；听取下属指挥员关于军事训练措施实施情况和次日训练准备情况的报告。在军事训练过程中，按照综合训练计划，结合指挥员和领导机关（司令部）相关人员的工作计划组织日常检查。定期检查的目的是，在军事训练过程中，检查所属人员个别训练科目的训练水平、组训人员履行一般职责和特殊义务的情况，以及落实上级训练指示和要求的情况。定期检查的具体内容包括：检查战斗值班人员的训练水平；考核训练科目的内容；检查训练考核结果；组织核查新到的补给情况，训练中心的毕业生、合同制军事人员、军事高校毕业生、预备役军官和从武装部队其他部门转调过来的军事人员的训练情况；检查军官个人训练任务的完成情况；检查先进训练方法的落实情况；考核对军事训练理论知识的掌握情况。俄军认为，组织考核是指挥员检查所属人员对主要训练内容掌握质量的有效手段，可以提升指挥员个人对所属单位训练水平所承担的责任感。组织考核期间，根据俄罗斯联邦国防部、总参谋部、各军兵种总司令部（指挥员）的命令、指示和要求，检查部（分）队、所属人员对本年度训练计划、大纲、手册、章程、说明和标准在军事训练任务、演习和训练内容的落实情况。合成部（分）队指挥员、军兵种部（分）队指挥员在完成士兵个人训练和部（分）队战术合练后组织考核。师、旅（相当级别单位）考核营（相当级别单位）的战术演习，团（相当级别单位）考核连（相当级别单位）的战术演练。

三、监控军事训练进度并提供帮助的要求及主要程序

俄军规定，为监控军事训练实施情况并对其提供帮助，通常以上级部（分）队参谋长组织拟订综合计划的方式展开工作。为此，抽调指挥机关（司令部）人员、兵种部（分）队指挥员和保障部门相关人员组建综合检查小组。

（一）综合检查小组成员应遵守的要求

在实施检查工作中，综合检查小组成员应向指挥员和参谋人员学习有效的检查方法，掌握新式武器装备的使用方法，及时改进对下属的训练和教育方法；明确综合检查小组检查的持续时间，即在师、旅级部队的检查持续时间最多 10 天，在团以下部（分）队的持续时间最长 1 周。

（二）综合检查的主要程序

1. 制定检查准备工作方案

在综合检查小组成立前，要制定检查准备工作方案。该方案的内容包括检查目的和目标，综合检查小组成员的组成，工作期限和时间，被检查部（分）队的组成，检查军事训练有待研究和验证的相关问题，需要解决的问题，领导综合检查小组的准备工作计划、综合检查小组记录结果的方法和总结工作的内容。

2. 制订检查工作计划

综合检查小组成立后，在综合检查小组工作方案的基础上，制订综合检查小组的工作计划。在工作计划中规定检查地点、时间和要完成的任务，并进行有针对性的培训，检查综合检查小组成员准备的个

人工作情况。通常情况下，综合检查小组个人工作计划与综合检查小组的日常工作一致。高一层级的指挥员委托综合检查小组对部（分）队进行检查并提供帮助，不得违反被检查部（分）队日常活动的计划。综合检查小组的工作计划必须与被检查单位的计划联系起来，并结合其落实情况实施检查。制订的计划应尽可能考虑部（分）队开展的活动，不仅要排除因检查工作带来的干扰和推迟，还要协助部（分）队活动的准备和实施。如有必要，在拟制检查工作计划时，可以由高一级别的指挥员组织召开会议，提出检查要求，避免综合检查小组成员出现失误。

3.组织检查培训

综合检查小组赴部（分）队开展工作前，制订并通过综合检查小组工作计划后，组织对综合检查小组成员进行培训。在培训过程中，提出以下内容：综合检查小组的目的、任务和计划；分析被检查部（分）队的现状和需要解决的问题；明确在组织、实施和全面保障军事训练过程中，检查、评估和提供帮助的程序。会议结束时，由综合检查小组组长总结，并确定下一步分配给机关、管理部门和保障部门的任务。此外，在进行准备工作的过程中，综合检查小组成员有义务研究在检查并提供帮助的过程中开展工作的方法。该小组的每个成员必须为即将进行的检查工作制订个人计划。小组成员到达被检查部（分）队之前，必须明确自身的责任和工作内容：理解检查的目的，与哪些成员（分队）一起展开检查工作，检查的主题是什么，被检查部（分）队的现状、组成和待完成的任务；研究大纲和有关检查内容的一系列标准，制定检查问题清单，同时统计相关军事人员需要了解、掌握并能够完成任务的情况；明确检查方法、预想的组织和实施程序；确定演习（演练）地点、人数和导调人员；制定必要的安全要求和措施；为所属部（分）队指挥员分配任务时，指明地点、时间、检查顺序、物资保障及完成准备的时限。必要时直接给参训人员分配个人作业。同时，还要检查准备工作完成情况，主要任务是确定综合检查小组成员开展部（分）

队检查工作的准备程度。在检查过程中,与综合检查小组的所有成员进行面谈,如有必要,可进行测试,目的是检查他们对相关条令、工作指南、部(分)队特殊性和共同特点的了解及工作准备情况。根据面试或测试结果,对是否进入部(分)队开展工作作出结论。各部(处)负责人对部署到部队的军官培训质量负有个人责任。

4.撰写检查报告

综合检查小组完成检查后,撰写检查报告。报告主要反映以下内容:军事训练计划的实施程度,军事人员的训练水平与受检部(分)队及其指挥机构(司令部)出现的不足及其原因,给受检查部(分)队关于军事训练的结论,解决问题的措施及其实施的时间。

对在检查期间不能解决的问题、针对这些问题采取的措施及其实施时间,均列入综合检查小组和有关部门的相关准备(工作)计划,将解决问题的管理权赋予其职责范围内的相关对口部门。综合检查小组为下级指挥员、司令部和部(分)队提供援助,指出主要解决问题的措施,以及提醒部(分)队注意的事项。

四、及时将军事训练经验推广至指挥机构和部(分)队

俄军认为,研究、推广和实施先进的军事训练新方法和经验,是各级指挥员、指挥机构(司令部)针对性非常强的日常工作之一。通过示范作业、示教课程、座谈和研讨会等形式,将先进、前沿的军事训练方法和经验总结形成意见或撰写成教材,下发部(分)队推广并运用。举办此类活动非常有助于推广先进、前沿的军事训练方法,快速统一部(分)队的训练方法,提高军事训练水平,提升军事训练效益。

示范作业。在指定的部(分)队加强训练后,召集指挥员、指挥机构(司令部)相关人员、主管军事训练业务的机构和人员,采取现场观摩或拍摄成纪录片下发部(分)队的方式,共同研究学习该部队(分队)先进的军事训练方法和经验。

示教课程。相关专业院校负责牵头，总结先进、前沿的军事训练方法和经验，在课堂上向学员传授，并撰写成教材，加大向部（分）队推广的力度。

座谈。邀请上级负责军事训练管理的部门和人员，以及具备创新军事训练方法的部（分）队和相关人员，针对先进、前沿的军事训练方法和经验进行讨论，而后形成意见，向其他部（分）队推广。

研讨会。召集相关专业领域的专家、部（分）队指挥员和指挥机构（司令部）相关人员，就先进、前沿的军事训练方法和经验等相关问题进行讨论，形成统一的意见，及时下发部（分）队进行推广。

五、军事训练结果的统计和报告

俄军认为，军事训练结果的统计是对所属人员训练计划完成情况和部（分）队训练水平的定量与定性指标的反映。俄军条令规定，统计包括收集、系统化、存储、更新和分析数据，这些数据揭示了部（分）队的战备程度。军事训练结果报告是为指挥员和指挥机构提供关于部队训练进度和质量的及时、客观的数据的报告。该报告反映部（分）队训练管理的具体性、效率和连续性，包括报告冬季训练周期和年度军事训练结果、上级综合检查小组检查报告；训练计划执行情况报告、指挥员亲自组织的主要军事训练活动的准备情况和实施情况；并使用辅助手段，最终形成军事训练结果报告。

（一）军事训练结果的统计形式

统计分为日常统计和定期统计。日常统计包括日常记录和处理军事训练计划的实施结果，以及所属人员执行训练计划的效果。包括对部（分）队的战士、军士及军官的军事训练统计。定期统计是对日常统计结果的归纳，随后分析年度的特定时间段（周、月、季度、半年、年）的军事训练并得出结论。

（二）部（分）队军事训练统计的主要内容

俄军规定，一个单位（营、连、排及其相当级别单位）军事训练的主要统计凭证是作战（军官）训练登记册。该登记册在年度军事训练期间进行登记更新，日志保存一年并在结束时销毁。在一个排（相当级别单位）中，军事训练及其结果的记录保存在军事训练日志中，并记录每个军人的详细情况。在一个连（相当级别单位）中，军事训练及其结果的记录保存在该连及其所属排和班的军事训练日志中。此外，在训练周表中对训练科目进行考核评分。在一个营（相当级别单位）中，军事训练及其结果的记录保存所属的排、连及相当级别单位的数据。此外，军官的军事训练也被纳入军事训练登记册。部队的司令部机关为每个营级单位（相当级别单位）及军官的训练保存军事训练及其结果的记录。同时，在统计中要区分注明主要军事训练活动的日程计划和准备计划。

（三）军事训练统计报告的权限和范围

俄军规定，营级单位（相当级别单位）统计报告由营长负责统计，并报送上级司令部。连级单位（相当级别单位）由连长负责统计，并报送营。军官训练由军官训练组的负责人负责统计。军官训练的个人记录反映军官训练的结果，最终考核、演习、个人任务完成和军官服役指标等情况，保存在司令部。

（四）军事训练统计部门的任务

军事训练统计部门的主要任务是数据的收集、归纳和统计处理，目的是分析部队的训练状态。该部门应保存关于每个所属部（分）队报告的数据及关于每个训练科目的总结数据。相关部门依据统计文件分析本部门或特殊专业的指标和问题。通常，所有形式的统计和分析都应基于报告时间表和执行检查程序规定而获得的数据。

（五）军事训练统计报告内容的主要要求与方法

在统计军事训练结果的过程中，应全面分析部（分）队训练水平情况和部（分）队训练的连贯性、进度和质量，并及时提供相关的信息，以便在训练过程中实施必要的调控和准备必要的建议，指挥和领导部（分）队保持和提高战备状态。撰写的报告内容应及时、客观地为指挥员和军事训练管理人员提供军事训练计划执行情况，人员、部（分）队训练水平的数据。应排除报告系统向同一机构重复提交信息的情况，所属单位的统计结果记入军事训练登记册，由司令部汇总、上报指挥员决策。每个训练部门和保障部门必须了解直属单位、部（分）队的训练情况，并根据其专业情况对所属单位进行训练。为此，俄陆军规定了报告的顺序，并规范了统计表格。按照报告时间表提交训练期间的报告和年度报告。

（六）分队定期统计军事训练的内容和程序

分队指挥员每周报告计划活动的实施质量、军事训练人员的覆盖率。根据统计的结果，指挥员汇报人员共同科目训练和专业科目训练情况，包括先进经验、不足及其原因和解决措施。营长（相当级别单位指挥员）每月向旅（团）指挥员报告指定任务的完成情况、人员训练效果、科目训练和考核情况。部队指挥员和司令部军事训练部门每月分析指定任务的完成程度、部队的训练水平、训练过程的质量和军事训练人员的覆盖率、当月的结果和检查的结果，以及军事训练中存在的不足。根据检查程序规定向上级司令部报告。

第二章 俄陆军军事训练内容

军事训练内容是受训者需要学习并掌握的军事知识及作战技能。各级部队和院校根据其担负的使命任务及训练对象的差异，各有侧重地选择和确定军事训练内容。军事训练内容是军事训练体系的核心要素，也是军事训练改革的重点，通常以训练科目或课题的形式体现。随着武装力量"新面貌"改革的持续推进，俄陆军始终着眼国家军事战略需要，根据世界安全形势的发展变化和军队职能使命的拓展延伸，不断优化调整、动态更新符合实战需求、利于提升部队战斗力的训练内容与课题，使陆军训练更好地满足武装冲突及未来战争的需求。

第一节 军事训练内容规划的基础

俄陆军认为，应站在国家战略利益的高度，关注国际形势的变化，紧密结合使命任务，以前沿军事思想为指导，基于对本国军队军事训练实际的客观评价及对外军军事训练情况的跟踪研究，合理规划军事训练内容。

一、对国际军事政治形势的判断

对国际军事政治形势的判断是俄陆军军事训练内容规划的根本遵循。俄陆军高层高度重视该因素的战略意义，及时根据国际军事政治形势的变化不断调整军事训练内容。2021 年 4 月，时任俄武装力量副总参谋长的萨柳科夫大将（2014 年 5 月任陆军总司令）在俄《军事思想》杂志上撰文，专门阐述俄陆军在战略遏制中的地位和作用，为陆军军事训练内容的制定指明了方向。他指出，世界范围内军事政治形势的急剧变化使俄罗斯联邦军事安全威胁的来源不断扩大，这些威胁可能发展成不同强度的军事冲突；在某些方向上，俄罗斯的军事危险有加剧的倾向，而出现这种倾向的主要原因是"北约"军事潜力不断增长并被赋予全球职能，"北约"成员国的军事基础设施正接近俄罗斯边境。同时，在俄利益攸关区，现有军事冲突日益加剧，并出现了新的冲突地区。而 2023 年，俄军的优先任务是全面落实战役和战斗训练措施，重点应对与"北约"进一步东扩相关的威胁。俄陆军军事训练内容势必涉及如何应对军事安全威胁，如何处理不同的军事冲突，如何保护边境地区军事基础设施等诸多方面。

二、俄陆军的使命任务

使命任务是俄陆军实施军事训练非常重要的依据和支撑，完成使命任务是其维护国家战略利益的具体体现，是规划并确定军事训练内容、展开针对性训练的基本依据。俄陆军依据使命任务规划并确定军事训练内容，确定军事训练行动和方法，并展开针对性训练，主要用于抗击敌人从陆上方向发起的进攻，保卫俄联邦领土完整及民族安全。依据态势的变化，按平时、威胁时期和战时三个阶段明确陆军的使命任务。

平时。俄陆军的主要任务是保持战斗潜力，完善部队抗击局部侵略的战斗及动员准备；保证部队展开动员和战役筹划的准备；训练指挥机关及部队依据使命任务实施军事行动；储备用于保障完成任务的武器和军事技术装备、物资器材，并准备战斗运用；依据俄联邦的国际义务和联合国安理会决议，参加维持（恢复）和平行动；参加消除各种紧急事故及自然灾害后果的行动；参加保卫国家领土和主权的行动。

威胁时期。俄陆军的主要任务是提高部队的战斗及动员准备程度；加强战斗值班兵力、兵器，侦察敌人的行动；依据《集体安全条约》，在受威胁的方向进行部队集群（其中包括联合部队集群）的战役展开；实施独立的地域防护行动；准备武器和军事技术装备的战斗使用；加强国家边境防御；准备初期的防御行动。

战时。根据俄联邦武装力量的总体作战计划展开行动；运用平时做好战备的部队集群消除（终止）可能的军事冲突，抗击敌人的侵略，必要时，使用非动员的兵团和部队；与武装力量其他军兵种部队协同抗击侵略者的攻击和发起反进攻行动；参加抗击敌人的空天进攻；参加国土防御行动（加强重要国家目标、军事设施及交通枢纽的警戒和防御）；与敌人破坏侦察力量、恐怖力量及空降兵进行作战；保证建立和保持战时状态。

三、俄军权威纲领性文件

国家安全战略、军事战略、军事学说等文件对俄军军事训练内容的规划起着统领全局、把控方向的作用。在设计陆军军事训练内容时，也必须遵循这些纲领性文件。若没有这些文件的支撑，就意味着训练内容成了无源之水、无本之木。

一是国家安全战略。国家安全战略是俄国家安全保障领域的最高层级指导文件，是俄战略规划基础性文件，规定俄罗斯的国家利益、安全战略优先方向、国家安全保障和长期稳定发展方面的国家政策目标和任务。国家安全战略从战略高度为俄军明确未来行动方向。2021年7月2日，俄总统普京签署命令颁布新版《俄联邦国家安全战略》，重新对国际形势与安全威胁进行了战略判断，指出当前国际形势动荡不安，地缘政治紧张局势日益加剧，武力仍是解决国家间冲突的主要手段；当前俄国家安全面临的主要威胁是西方针对俄实施的"混合战争"。依据最新战略判断，俄罗斯确定了国家安全战略的总目标，其中的第二个战略目标是保持和增强俄在独联体空间的绝对影响力。独联体国家是俄的"后院"和安全屏障，地缘战略地位至关重要，俄将尽一切努力阻止西方介入该地区，包括阻止西方在该地区策动"颜色革命"、吸收独联体国家加入"北约"，防止"北约"部队和基础设施部署到自家门口。第三个战略目标是巩固和提高俄作为世界主要力量中心之一的国际地位。比如，发展和扩大由俄主导或受俄影响的国际组织和地区组织，如集安组织、欧亚经济联盟、上合组织、金砖国家等。同时，提出了维护安全的新路径。主张加强与独联体成员、"阿布哈兹共和国"、"南奥塞梯共和国"、中国、印度、拉丁美洲和非洲国家的合作，着力在欧亚经济联盟、集安组织、上合组织、金砖国家等亚太地区框架内取得突破。俄明确表达对俄中、俄印关系的高度重视，强调"在不结盟基础上在亚太地区构建可靠的地区稳定和安全保障机制"。同时，强调军事手段的保底作用，军事力量是俄维持大国地位、争取国家利益的关键手段。短时间内，俄"军事立国"传统和"非对称应对"思路都不会改变。从上述内容可以看出，未来，俄罗斯陆军军事训练的内容将重点考虑如何加强应对西方发动的"混合战争"，如何加强与集安组织、独联体成员国等开展联合演训活动，以提高应对安全威胁的能力。

二是军事战略。俄军认为，军事战略是实施战争的科学，涵盖了战争准备、计划与实施、理论与实践的所有问题，是达成战争胜利的方法。2019年3月，俄军总参谋长格拉西莫夫在军事科学会议上指出，军事战略，作为一门科学，"是统领部队的艺术"，诞生于20世纪初，在研究战争经验的基础上得到发展。从总体上看，战略是"消除和准备实施战争的知识和行动的体系"。俄罗斯军事战略是维护国家安全及保障俄在现代地缘政治环境中处于有利战略态势的重要理论支撑。军事战略必须能够切实保障国家利益、民族利益。在制定军事战略的过程中，必须考虑世界军事、政治和战略环境，国内总体局势、政治及经济发展情况，武装力量的任务、结构及状态等。鉴于此，经过长期的理论探索和实践检验，俄陆军逐步形成符合自身实际的军事训练思想。在此次会议上，俄军明确了在当前情况下，战争的类型不断扩展，战争的内容发生了明显变化。与主权国家武装力量进行斗争的除正规军外，还有各种匪军、私人军事公司及自行宣布独立的准国家等，武装斗争主体的数量不断增加，他们在展示军事实力的同时，积极使用经济、政治、外交及信息等各种手段与主权国家进行斗争，当使用非军事方法不能达成既定目标时，转而动用军事力量。当然，俄罗斯的地缘政治竞争对手已经表露出不仅要在局部冲突中达成政治目的的企图，而且准备使用高精确杀伤手段，积极实施信息对抗，从空中、海上及太空与"拥有高技术的敌人"进行战争。在这种条件下，俄陆军应做好使用传统经典的和非对称的行动方法应对新型战争及武装冲突的准备。因此，必须认真研究军事战略的实质和内容，寻找运用陆军力量预防战争及准备实施战争的有效形式和方法，特别是陆军在战略遏制方面运用的形式和方法。

三是军事学说。军事学说是俄罗斯集中和系统阐述国家有关防止战争和武装冲突，关于战争和武装冲突的性质与实施方法，组织国家、社会和公民从事保障国家军事安全活动的官方文件。军事学说明确规定战争中的敌人与盟友，军事威胁与战争性质，武装力量的使命与任务，军事冲突的类型、特点、规模，武装力量和其他准军事力量参加战争的方式及协同方法，国家进行军事准备的途径和方法，实施军事行动的方法等。特别是在最新版的《军事学说》中，明确了俄罗斯联邦面临的军事危险和军事威胁。其中，"北约"东扩、在个别国家和地区制造动荡局势、向俄联邦及其盟友的邻国及邻近水域增派外国（或是国家集团）军人等是俄面临的主要外部军事危险，而军事政治局势（国与国之间关系）的急剧激化为动用武力创造了条件，成立和训练非法武装组织并在俄联邦或其盟友境内展开活动，在俄联邦或其盟友的邻国境内进行军事演习并出现以挑衅为目的的武力炫耀情况，是俄面临的主要军事威胁。同时，还明确了现代军事冲突的16个典型特点，比如，军事力量与政治、经济、信息等非军事力量的综合运用，军队（兵力）和火力的快速机动及多种机动部队集群（军力）同时出击，军事行动筹备所需时间减少，敌对各方境内长期存在军事斗争，非正规武装组织和私人军事公司参战，采取非直接、非对称的行动方式，利用由境外资助、操纵的政治势力和社会运动，核武器仍将是预防核军事冲突及常规杀伤性武器军事冲突（大规模战争、地区性战争）的重要因素，等等。

四、前沿军事思想

前沿军事思想是引领军事训练内容调整与创新的重要手段，为俄陆军军事训练内容的调整与创新提供思想指导。朱可夫元帅曾说过："人员、武器、军事思想，这是一支军队的三个基本要素。"俄罗斯作为世界主要军事强国，其军事思想内容丰富、博大精深，既包含对本国军事思想的深度、科学归纳与总结，也包含对世界主要国家军事思想的深刻剖析与借鉴。

一是把前沿军事思想作为俄陆军军事训练内容调整的"风向标"。苏联解体后，俄军逐步摆脱了传统思维模式和既有经验的束缚，学术氛围随之发生了很大转变，出现了各种学术流派、学术组织和学术团体。以沃罗比约夫为代表的一大批军事思想家，结合本国军队建设发展实际，着眼现代战争的规律特点和世界军事政治形势的发展变化，开始积极借鉴美国等西方主要国家的军事思想，在观点与看法的交流、碰撞中擦出学术和思想的火花，产生了许多关于军事训练的思想。这些新思想从多元视角对未来战争的形态、样式、性质、特点等提出许多独到的见解、观点，为改革与创新陆军军事训练内容提供了理论支撑。比如，近年来，俄军最具代表性的成果就是对"混合战争"思想的发展与实践。俄军事专家认为，由于高新技术的发展和攻防手段现代化水平的提升，传统的"大规模正规作战"和"小规模非正规作战"逐步演变成界限更加模糊、作战样式更趋融合的"混合战争"。所谓"混合战争"，是指综合运用军事、非军事等多种手段在政治、经济、信息、意识形态、网络空间等领域给对手全面施压，进而达成战略目的。"混合战争"思想不仅拓展了俄军对作战的认识，也拓宽了俄军的训练领域。俄陆军在军事训练计划中相应增加了维稳、维和、反恐、人道主义救援等训练内容。例如，中部军区包括陆军在内的各军兵种部队战役训练的重点内容就是打赢中亚方向可能爆发的"混合战争"。俄陆军还针对"乌克兰危机"设计作战形式，将现代局部战争及武装冲突的经验引入实战训练，利用各种新媒体实施社交媒体战内容训练，有效发挥新媒体的作用，最大限度减少现实军事行动规模。在以后的军事训练中，俄陆军将瞄准未来战争与威胁，不断丰富"混合"条件下军事训练的内容，不断拓展陆军部队的使命任务。

二是用创新作战理论引领军事训练内容的优化。自1992年独立建军以来，在批判性继承苏军作战理论和认真汲取近年来局部战争经验的基础上，根据国际地缘战略态势的演变，俄军不断调整军事战略、修订军事学说，以确立符合自身实际的作战理论体系。2005年，以军事科学院院长加列耶夫大将等为首的军事理论家，在合理继承斯里普琴科等提出的"第六代战争"理论和非对称、非接触作战理论的基础上，提出了"复合性"战争理论。武装力量"新面貌"改革以来，随着世界军事革命的深入发展及国家军事战略的调整，俄军对作战理论进行了全面修订，形成了新的作战思想，明确战争准备基点由打赢大规模战争调整为打赢现代条件下的局部战争和武装冲突。近年来，着眼应对"北约"战略挤压和现实威胁，俄军创新发展了"混合战争""非核遏制""极地作战"等作战理论。通过作战理论创新和战争设计，解决了"打什么仗""怎么打仗"等问题，并以此作为进行军事训练和实施作战的依据。一系列新的作战理论更加全面、客观地阐述了俄军对未来战争形态的基本判断，许多观点具有前瞻性、引领性，为陆军优化军事训练内容提供了有益参考。俄军认为，在信息化条件下，世界新军事革命加速推进战争形态的演变，但新的战争形态并不排斥陆军等传统力量的作战运用，陆军在未来作战中仍会发挥重要作用。因此，在国家武装力量编成的整体框架内必须保持一定规模的陆军，并在平时的军事训练中注重提高广大官兵遂行多样性任务所需的职业技能。从俄军近年来组织的各种军事行动实践来看，他们依然把陆军摆在军队建设的重要位置，以期陆军在关键时刻发挥其他军兵种不可替代的重要作用。

　　三是在践行军事思想中完善军事训练内容。军事思想唯有通过实践检验才能验证其准确程度。俄军高层非常注重采纳各方提出的合理思想、建议。俄权威智库战略与技术分析中心，从完善陆军军事训练内容体系的角度曾为陆军高层提交了许多建议，其中不少建议被采纳，或以陆军高层训令的形式，或以其他训练规划的形式下达部队。总参谋部所属军事战略研究中心认为，在高加索方向及中亚方向可能同时爆发武装冲突，在西部、南部和东部可能爆发局部战争，而西部和南部武装冲突的升级可能导致美国和"北约"武装力量的介入。基于对国家面临的安全威胁的判断，俄军提出要积极推动陆军传统类型部队向训练有素的小型化、多能化、模块化部队转变，使其既能在航空兵和精确打击武器的配合下独立遂行作战行动，又能根据任务需要随时组建强大的、一体化合成部队，及时部署到受威胁最严重的西部、南部及东部战略方向。为此，对陆军军事训练的要求在于，无论是平时还是在紧急状态下，陆军常备兵团和部队要具备不经应急训练、合练就能有效遏制并打赢在上述战略方向上可能爆发的局部战争及武装冲突。

五、军队建设调整实际

陆军军事训练质量与军队建设发展的整体情况紧密相关。如俄军兵役制度改革、陆军员额调整、武器装备发展等都对陆军军事训练质效的提升产生了重要影响，俄陆军据此相应调整训练内容。

一是根据兵役制度改革调整军事训练内容。自 2008 年 1 月 1 日起，俄军调整了义务兵服役期限，从 2 年缩减到 1 年。兵役制度改革直接影响了义务兵整体训练规划的设计。据此，俄陆军根据单个人员及部（分）队战斗力生成规律，在充分科学论证的基础上，结合训练周期的调整，重新设计训练内容、训练方法等各要素。2022 年 5 月 28 日，俄罗斯对乌克兰特别军事行动期间，普京总统签署法律，取消军队入伍年龄上限。而在法律更改之前，俄罗斯公民入伍年龄为 18 ~ 40 岁，外国人入伍年龄为 18 ~ 30 岁。俄陆军根据此种情况，及时调整军事训练内容。

二是根据陆军员额变化调整军事训练内容。俄军的建设过程也是改革过程。30 多年来，为建设一支强大的现代化军队，保持世界军事强国地位，俄罗斯一直在不停地进行改革，这场改革至今仍在路上。陆军军事训练内容始终伴随军队建设与改革进程进行调整优化，力争使训练最大限度地符合军事改革的要求。自独立建军以来，裁军是俄军一以贯之的旋律和改革的主要方向。经过几轮改革调整，俄军在兵员数量、人员构成和官兵结构等方面都发生了明显变化。陆军总体员额的减少，职业军士数量的增加，要求对职业军士训练内容进行补充和完善，增加适应新的战争形态所需专业知识、技能等方面的训练。

三是立足武器装备发展现状规划军事训练内容体系。武器装备是军事斗争准备和构成战斗力的重要物质基础，是确保军事行动顺利实施的基本条件，也是达成军事行动目的的重要保证。"有什么样的武器装备，就要进行什么样的军事训练"，这是俄陆军规划军事训练内容体系的基本遵循。基于此，俄陆军注重立足现有武器装备规划军事训练内容，其基本要求是使受训者了解新式武器装备的发展状况，熟悉其技战术性能，通过训练尽快掌握操作技能，进而在作战行动中实现人与武器装备的最佳结合。同时，俄陆军还瞄准前沿武器装备的发展趋势，前瞻设置军事训练内容，确保武器装备性能与军事训练质量相互促进、相互提升。

四是依据军队编制体制的调整规划军事训练内容。这是调整军事训练内容非常关键的因素，是俄军高层及各级兵团必须关注的。2022 年 12 月 21 日，在俄军国防部年度扩大部务会议上，国防部部长绍伊古在报告中指出，未来，俄军将组建 3 个摩步师，分别位于现在驻乌克兰军事集群中赫尔松和扎波罗热地区，还要在卡累利阿共和国组建 1 个步兵军。将西部军区、中部军区、东部军区和北方舰队的 7 个摩步旅扩编为摩步师。每个诸兵种合成（坦克）集团军都要拥有 1 个混合航空兵师和 1 个拥有 80 ~ 100 架武装直升机的陆航旅。为了在战略方向上建立炮兵预备队，俄陆军组建了 5 个军区炮兵师和大威力炮兵旅。这些新组建的建制单位怎么训、训什么，都需要科学规划。

六、潜在对手政治军事现状

朱可夫元帅曾指出："战争需要什么，军队就训练什么。"这是俄陆军军事训练遵循的最基本、最普遍原则，体现了俄军政高层对国家面临的潜在军事安全威胁的基本预测，以及对当前军事行动性质的基本判断。只有针对潜在对手设计军事训练内容，才能符合上述军事训练的原则。

一是潜在对手国家或国家集团的战略。了解潜在对手的战略，是俄陆军设置军事训练内容至关重要的环节。俄军高度重视研究美国、"北约"等主要国家或军事联盟的军事战略等。在俄乌冲突的大背景下，2022年6月29日，"北约"成员国领导人在西班牙马德里峰会上批准《"北约"2022战略概念》。这份战略概念对"北约"所处安全环境进行评估并设定任务，以指导"北约"未来10年的发展。文件在对"战略环境"的描述中，有5条与俄罗斯相关。文件指出，"北约"未来10年有三大核心任务，即威慑和防御、危机预防与管理、合作安全。俄罗斯是"北约"成员国安全和欧洲大西洋地区和平稳定的"最大且直接的威胁"。同时，"北约"各成员国已同意扩充"北约"快速反应部队至30万人以上。"北约"扩军计划将分为两步。其中的第一步是加强在"北约"东翼国家，特别是在波罗的海三国部署"北约"作战群力量，实现由当前营作战群向旅作战群的扩大。俄官方报刊《消息报》《俄罗斯报》及军内专家对此做了深度解读。该战略无疑为俄陆军军事训练内容设置提出了新的挑战，势必影响陆军军事训练内容的设置和调整。

二是潜在对手的作战思想、军事理论体系。这些要素是设计军事训练内容的重要依据。"知彼知己，百战不殆"，中国古代传统军事思想的精髓也深深影响俄军的诸多领域。俄各军事院校、研究机构及诸如战略与技术分析中心等权威智库，都有专人重点跟踪世界主要军事强国、主要军事集团（如"北约"）实施的各种军事行动，研究其军事思想精髓。只有全面分析、系统研究当前及潜在对手的军队建设状况、军事行动特点，经充分的科学论证和反复实践检验方能找到战胜对手的有效方法。在俄军改革发展的各个时期，许多军事家、思想家致力于研究本国及世界主要军事强国的军事思想，分析各国军队军事训练的发展走向，并将其上升到理论层次，形成新的军事思想体系，或者说，为形成新的军事战略提供理论支撑和实践遵循。这些思想理论体系是俄陆军筹划与设计军事训练内容的重要依据。

三是外国文化诸多元素。不同国家、不同民族、不同地域具有差异性、多样性的文化。随着俄陆军职能使命的不断拓展，未来实施跨境作战、境外作战的概率越来越大。在未来战争中，俄陆军不仅负责击溃敌地面部队、控制领土等任务，还要为组建临时军政府和后续权力移交创造有利条件。换句话说，俄陆军不仅要能在战场上战胜敌人，还应具备将军事胜利转化为政治胜利的能力。因此，俄陆军重视对官兵进行全面的军事、文化等培训。对他国（作战对象国）文化的认知能力，是俄陆军官兵必须具备的基本素质之一。俄陆军在平时的军事训练中增设了外国文化元素训练科目，旨在让广大官兵了解任务地区的文化特点、风俗习惯、宗教信仰、社情民意等，强调军人个体特别是指挥员要能依据文化背景的差异制定不同的行动预案，进而提高遂行任务的成功率。

第二节　军事训练内容

依据军事训练的级别和性质，俄陆军军事训练内容总体上划分为三个层次：战斗训练内容、战役训练内容和战略训练内容。军事训练内容必须依托必要的训练形式，采取科学合理的训练方法，才能有效促进部队战斗力的生成。

一、战斗训练内容

俄军认为，战斗训练是根据军队的职能使命，为实施战斗行动或遂行其他任务而对单兵、部（分）队和战术兵团进行的训练，旨在提升单兵、部（分）队及其指挥机关的能力素养，做好在世界军事政治形势发展不利的情况下遂行任务的准备。俄陆军历来重视战斗训练，将其视为部队训练的最基本类型和部队日常活动的主要内容，认为扎实有效的战斗训练是单兵、部（分）队和战术兵团完成受领任务的基础。

俄国防部前副部长亚历山大·别洛乌索夫上将曾指出："部队能否顺利实施作战行动并完成任务，取决于全体人员的战术素养、部（分）队的合练水平、指挥员及指挥机关对兵力兵器的部署指挥能力。"陆军使命任务的多样化拓展要求部队不断强化战斗训练，确保做好在不同战略方向、不同作战环境下完成军事行动的准备。俄陆军特别强调，要制订详细的战斗训练计划，明确完成战斗训练的基本标准；充分发挥单兵及部（分）队的创造性思维，力争通过日常训练、比武竞赛、联合演习等总结、创造出特别贴近训练实际的管用、好用的训练内容。俄陆军战斗训练内容覆盖面较广，大致可分为以下三部分。

一是基础理论学习。主要内容包括相关军事理论、战斗条令、战斗训令、军事训练大纲、军事训练方针、各种命令和计划等。同时，还要熟悉、掌握陆军各种武器装备的技战术性能指数，研究世界主要军事强国、潜在对手军队的作战思想、作战理念、作战方法、编制体制及武器装备等诸多方面的内容。

二是基本职业技能训练。俄陆军注重单兵（特别是新兵）、部（分）队基本技能，特别是野战技能的训练。主要内容包括战术、火力、专业技能、队列及其他训练。

具体来讲，对应征入伍新兵进行训练，在军事训练中心为期 4 个月的训练中，要进行单兵训练和初步的战术训练，而后实施不少于 3 天的野外训练（行程不少于 40 千米），通过徒步行军、侦察、警戒等训练，提高新兵在野战条件下的生存能力和作战能力。经过严格的考核评定，他们被补充到各部队担任坦克、步战车的机械师、驾驶员、引导员、操作员及通信、三防、防空和炮兵等方面的技师。对士兵、军士及准尉进行履职训练，如组织在任何时间内、任何复杂地形条件下进行各类战车的驾驶训练、依托各种作战平台实施射击训练、队列训练、行军训练、野外生存技能训练和道德心理训练，并确保达成规定的训练标准。

同时，为提高部（分）队、兵团的作战能力及其指挥机关的指挥水平，俄陆军特别注重在贴近实战的环境和条件下实施合练。战术训练是俄陆军部队战斗训练的重点，是全体人员战斗素养的基础，所用时间约占整个战斗训练时间的一半。其中，为提高部（分）队在复杂条件下的作战能力，规定夜训时间不低于整个战术训练时间的三分之一。尽管近年来俄陆军在夜间演训活动中多次出现车毁人亡等事故，但其仍坚持不调整夜训比例、不简化夜训科目、不降低夜训难度。2015年，中部军区某集团军3支摩步旅在冬训前期组织实施的共510次战术训练作业中，夜训191次，占比达37.5%，其中某摩步旅组织夜训67次，占该旅作业总数的40.3%，远远超出训练大纲中规定的比例。尤其是近两年来，为进一步提高官兵的作战技能，俄军50%以上的战斗训练安排在夜间进行。

班、排、连、营战术合练的时间分别为1.5个月、2个月、3个月、2个月。一般科目包括专业和技术训练、射击训练、战车驾驶训练、通信训练、工程训练、三防训练、队列训练、军事地形学训练、消防训练、侦察训练等，与战术训练穿插进行。在完成战斗合练后，俄陆军依据年度训练计划组织参加各种规模及形式的联合训练。

三是体能训练。尽管战争形态和作战样式不断发展演变，但军人的体能和身体素质始终是战斗力的恒定构成要素和履行职能使命的基本保障。2008年，俄军在部队和院校进行了一系列体能考核，考核结果难以令人满意。为此，俄军采取诸多有针对性的措施，不断优化体能训练制度，强化人员体能训练。2009年，俄军颁布了新版《俄罗斯联邦武装力量体能训练条例》及附录，明确指出体能训练是军人为遂行作战任务、提高部队战斗力而进行的作战准备的基本构成要素之一，并系统规范了体能训练的方法、标准和要求等。俄陆军注重在平时的训练中提高各类人员的体能，使其能更好地适应军队职能使命拓展对军人体能提出的新要求。2013年，俄陆军规定，为提高部队的整体精神面貌和作战能力，官兵每周体能训练时间不少于 25 小时；除节假日之外，部队、军事院校每天进行 30~50 分钟的体能早操，并提供三种早操训练方案；明确体能训练项目的优先顺序，详细规定体操、越障、田径、滑雪、擒拿格斗、军事实用游泳共 6 大类 60 个训练项目。俄陆军部队组建了专门的体能训练教官队伍。体能训练教官由部队体能训练主任直接领导，通常由军士担任。旅级单位编配分管不同训练项目的专职体能训练教官，编制通常为 10 ~ 15 人，其主要职责是定期组织训练法示范课，提高指挥员及体能训练教官的知识水平和组训能力，形成规范的训练方法及手段。同时，陆军部队还对在炎热、高寒、极夜等特殊环境条件下及在训练演习过程中的体能训练提出了规范要求。

二、战役训练内容

俄国防部规定，战役训练是指按军队战时任务预案开展的训练，目的在于增强战役指挥员及其指挥机关人员的战略战役意识，提高其在各种复杂条件下组织指挥作战的能力，提升部队的战备训练水平和履职能力水平。战役训练在俄军事训练乃至整个军事工作中都占有非常重要的地位，被视为和平时期造就合格战役指挥员的必由之路和打赢未来战争及武装冲突的"奠基石"。训练对象主要是战略、战役-战略、战役及战役-战术级指挥员与指挥机关和各战略方向的战役军团。战役训练内容具有很强的实用性，是军队为做好战争准备，围绕战役行动的筹划准备、组织实施、协同保障、指挥控制等进行的综合性演练。俄陆军依据总参谋部制订的统一训练计划，明确战役训练的方向、内容、时限等，旨在提高指挥员及指挥机关人员的理论水平和作战筹划、组织、实施、指挥能力，开阔战役战略视野，实现指挥技能与指挥艺术的最佳结合。

陆军战役训练的基本样式包括：人员自修，参加战役集训和军事科学会议，到院校进修，实施或参加上级组织的参谋部演习、兵棋推演、首长-司令部推演（演习）、战役实兵演习和大演习等。其中，战役集训是俄陆军战役指挥和参谋人员训练的重要方式，通常由总参谋部、军区和集团军（军团）组织实施，按内容可分为战役法集训、参谋部工作集训、训练法集训、专业集训等。到院校进修也是俄陆军战役训练的一项重要制度，战役-战略级军官的进修由总参军事学院承办，战役-战术级军官的进修由各军兵种院校承办。进修主要学习和研究俄联邦军事学说及军事政策、军事-政治战略、世界主要国家的军事战略与军事思想、未来战争与武装冲突的特点、当前国际军事政治形势及未来发展趋势、国防与军队建设理论与实践、最新武器装备的技术性能及使用方法、战略和战役法研究的最新成果等。战役实兵演习是俄军最推崇的训练样式，被视为全面提高战役指挥员及其指挥机关指挥能力和部队作战能力的最有效手段。在演习中，各级指挥员、指挥机关和任务部队在贴近实战的条件下演练履行自己的全部职责。此外，除了研究掌握与武装力量其他军兵种之间的联合作战方法外，陆军战役训练还特别重视研究与内卫、边防和其他强力部门之间的联合作战问题。

三、战略训练内容

尽管在《俄联邦国家安全构想》《俄联邦军事学说》等官方文件中并未正式提出战略训练的概念，但在俄军的战役训练内容中包含战略训练的成分。战略训练是俄军最高统帅部和战略、战役-战略层级军事指挥机关，结合国家战略意图，围绕关乎可能威胁到国家安全和发展利益的热点问题，针对不同的作战对象进行的军事训练，主要突出提高俄军高级指挥员及其指挥机关的战略领导能力，研究并掌握战略理论知识与战略领导方法。战略训练的主体是国防部、总参谋部及所属各部、局，特别是2014年12月投入使用的国家防务指挥中心、各联合战略司令部等。通常，俄军总参谋部战役训练局负责战略训练的筹划、组织、协调等工作，重大战略训练活动由俄联邦武装力量最高统帅、国防部部长、总参谋长等亲自主持。国防部部长命令、训令及各种指令，总参谋部训令，总参谋长指令及《俄联邦武装力量战役训练条令》是俄军组织实施战略训练的基本依据。

战略训练是指对俄军高级军事指挥机关、各类军团及其指挥机关在平时和战时的训练，从组训层次上划分，包括对军事指挥机关、军团和军官的训练。军事指挥机关训练的主要样式包括首长-司令部演习、首长-司令部（或司令部）演练、首长-司令部推演、战役即题作业等；部队军团战略训练的形式是大演习；军事指挥机关军官战略训练的主要形式是军官职业训练或职业军事教育。战略训练的具体内容依据组训形式的不同而有所区别。在首长-司令部演习中，突出训练课题的完整性和综合性，即训练军事指挥机关各部门在预设或临机设置的复杂多变的演习环境中，指挥部队完成规定的作战任务。首长-司令部（或司令部）演练的内容主要包括指挥部队进行战备等级转换，演练军事行动的规范指挥流程，即制订战略行动计划、定下战略行动决心、下达战略行动任务、组织战略行动保障等。这种形式侧重于演练在作战态势不断变化情况下的指挥课题。首长-司令部推演的内容主要是把受训军事指挥机关人员编为"互为对抗"的双方，使双方在模拟真实对抗的背景下推演指挥部队实施战略行动的技能。战役即题作业分为集团战役即题作业和个人战役即题作业两种。集团战役即题作业，由一个军事指挥机关或其所属的建制单位实施，目的是检验军事指挥机关及其所属部门在战役准备和实施过程中解决 1 个或数个课题的协调能力。个人战役即题作业由指定的受训者完成，目的是检验不同的受训者在担任同一职务时，解决战役准备和实施过程中某个课题的专业技能水平。战役战略演习，在国防部部长或总参谋长的领导下，由 2 个或 2 个以上战役战略军团参加，主要演练指挥员指挥各军兵种部队准备抗击敌人入侵、战备等级转换、战略（战役）展开、战役行动准备及实施等课题。

第三节 军事训练内容的典型特征

俄陆军军事训练内容是军事训练领域内最活跃、最生动的因素，充分体现了国家及军队的利益和反映部队的实际需求。同时，随着军队使命任务的拓展及军事行动样式的变化，俄陆军军事训练内容被赋予新的内涵，具有充分体现国家及军队利益、紧贴部队实际需求、不同层级内容趋于融合、实时动态更新训练内容等特征。

一、充分体现国家及军队利益

俄陆军认为，未来战争及武装冲突的形态具有不确定性、多样性等特点，除传统的军事实力比拼外，还涉及政治、经济、外交、文化等方面的混合性、综合性对抗。因此，在陆军平时的训练中，必须综合考虑这些因素，使训练内容贴近国家当前及未来的战略利益需求，体现军事训练内容与其他训练内容的相互兼容。

一是根据各战略方向的使命任务合理设置训练重点。武装力量"新面貌"改革后，俄军成立了联合战略司令部，赋予每个军区不同的战略性使命训练课题。为提高应对现实及潜在安全威胁的能力，俄陆军针对不同作战对象展开专门训练。在军事训练内容设置上，俄陆军密切跟踪其在各战略方向上使命任务的拓展变化，力争使训练内容具有较大覆盖面。如西部军区主要面临"北约"的联盟式军事威胁，其战略目标是抵抗"北约"东扩和美国及"北约"军事设施向俄边界推进。西部军区陆军训练内容的重点是抗击敌可能发动的较大规模和较高强度的军事入侵，并不断加强与白俄罗斯军队之间的联演联训。近年来，西部军区陆军建设得到了充分加强，相继恢复、重建了数个师级建制部队。东部军区立足远东战略方向，以维持东部地区领土完整与局势稳定向好为根本任务，主要面临美国加强亚太部署的战略压力和美日联合打击的潜在安全威胁。东部军区陆军训练内容侧重于应对远东地区局势突变可能造成的各种复杂局面，维护边境地区安全稳定、保护争议岛屿主权等。中部军区所处位置国土纵深，担负战略预备队任务，要随时做好增援其他战略方向作战的准备，同时负责中亚战略方向的安全。中部军区陆军训练内容的重点是强化部队的远程机动能力和应急反应能力，以及演练在陌生地域独立或在联合训练框架内遂行作战任务。南部军区担负俄西南战略方向的国土防御任务，所辖的北高加索地区由于历史遗留问题、民族矛盾、宗教冲突等，成为恐怖主义的"重灾区"，同时面临与格鲁吉亚、乌克兰等现实及潜在的武装冲突风险。南部军区陆军训练内容的重点是提升部队的反恐平暴能力、快速反应能力和跨境联合作战能力，突出适合山地作战和特种作战的摩步旅建设，时刻做好应对各种规模和强度冲突的准备。

二是针对国家安全面临的威胁设定多样化的训练课题。未来战争及武装冲突的爆发，必然与国家政治、外交、经济、文化等多方面因素密切相关。因此，俄陆军军事训练课题的选择应着眼于上述领域存在的诸多现实及潜在的安全威胁，致力于提高各级指挥员及指挥机关的综合素养，切实提升应对多样性安全威胁的能力。基于此，俄陆军注重设定多样化的训练课题。2018 年 9 月，俄陆军参加了年度规模最大的"东方-2018"首长-司令部联合战略演习，演练内容由以往传统的联合反恐拓展为组织联合防御和反攻的传统安全课题。俄军总参谋长格拉西莫夫指出，此次演习在双方对抗的基础上实施，是检验各军区部队战斗力及野战、空中、海上技能的最高形式，演习不针对"北约"。但实际上，此次演习是在"北约"持续东扩、俄战略生存空间不断受到挤压、与西方关系持续紧张的大背景下进行的。与历次演习相比，这次战略演习层级更高、规模更大、要素更全、联合性更强。应俄军邀请，中国军队派出 3200 人参演。此次演习，进一步巩固和发展了中俄全面战略协作伙伴关系，增强了两军共同应对各种安全威胁的能力，有利于维护地区和平与稳定，标志着中俄双方政治战略互信和军事合作水平达到了历史新高。对俄罗斯来说，通过此次演习向外界释放出一个重要信号，即俄在外交和军事领域并不是孤立的。

三是基于未来军事行动变化前瞻性地设计军事训练内容。未来军事行动的样式、特点、实施方式等的不确定性，决定了陆军军事训练内容的复杂性。俄陆军在军事训练内容设计上着眼于多变态势，突出作战体系诸要素的一体化训练，注重在平时的训练过程中设想多套行动预案，演练诸如特种作战、边境封锁与反封锁等多种具有战略意义的战法，及时总结军事训练经验教训，找出最佳作战方案，形成符合未来军事行动需求、具有前瞻性的训练内容体系框架。

二、紧贴部队实际需求

俄陆军在平时的军事训练中注重针对部队实际需求设置军事训练内容，以有效解决实际训练中存在的诸多问题与矛盾。

一是紧贴提高俄陆军各级指挥机关作战指挥能力设计训练课题。在未来的作战中，指挥员及指挥机关指挥能力的强弱、谋略水平的高低及指挥系统能否顺畅运行将直接影响战争的进程与结局。如"高加索-2012"演习重点检验了俄陆军指挥机关运用新型自动化指挥系统的效果。2014 年，俄军举行了大规模战略性演习，主要目的之一是检验陆军指挥机关对部队指挥的可靠性和有效性，即俄军最高领导层能否通过新成立的国家防务指挥中心，借助军区等各级指挥机关按指挥程序向部队下达作战指令。在指挥演练过程中，总统、国防部部长、总参谋长等国家和武装力量领导人进驻国家防务指挥中心，并向陆军等诸军兵种部队下达作战指令、命令。陆军各作战部队按相关指令进行机动展开，进入预定作战区域并完成各项任务。同时，在指挥系统链上完成相关指令、战场态势、演练进程等信息的实时传递。这类演习有利于理顺陆军指挥系统与高层及其他诸军兵种指挥系统之间的关系，推进信息化条件下新型国家防御战略指挥体制的快速转型。

二是围绕提高俄陆军专业技能设计训练内容。在现代化条件下实施作战行动，军人须随身携带信息化程度较高的作战装备"轻装上阵"。单个人员对新式武器装备是否熟悉、使用是否规范，将直接影响整个作战行动的进程及结局。在未来的战争及武装冲突中，各种新式武器装备的科技含量越来越高，作战体系也将愈加复杂。俄陆军要求，包括单兵训练在内的各类军事训练，无一例外，都要紧贴实战。2014年以来，俄陆军一直致力于单兵信息化战斗装备的研制。为尽快达成人装合一，形成倍增的战斗力，陆军按军事训练计划针对新列装武器装备专门设置训练内容。此外，根据近几场局部战争及武装冲突的经验，特别是汲取俄军在两次车臣战争、俄格战争中的经验教训，俄陆军将狙击分队建设作为常备旅建设的优先发展方向之一。俄陆军专门制定了《完善俄联邦武装力量各军兵种狙击手培训和使用体系构想》，2012年，基本在所有作战旅编成内组建了全部由合同制军人组成的狙击手排；2015年，完成了狙击分队组建。而后又配套修订了《战斗训练大纲》的部分内容，有针对性地增加了狙击科目训练内容及考评标准。特别是2020年初以来，新型冠状病毒感染疫情席卷全球，但俄军军事训练和战备工作并未受到太大影响。在借鉴以往经验、扎实做好疫情防控的前提下，采取低密度、高强度和适当调整训练周期的方式，按计划组织实施了全年军事训练，组织了"高加索-2020""西方-2021"等多场国际联演联训。同时，还组织了专门的抗疫训练。2020年4月15日，南部军区三防部队借冬训检验性演习之机，进行了联合抗疫演习，演练使用陆航米-8直升机疏散感染人员的流程。

三是针对提高俄陆军整体战斗力设置联合训练课题。在信息化条件下，作战空间的融合与拓展使联合作战成为未来战争的基本样式，军事训练内容必须瞄准促进陆军部队作战能力的整体提升。在平时的训练过程中，俄陆军坚持实战化训练标准，把"训练为了实战，演习就是实战"作为联合训练的指导思想，不断加大联合训练的力度。武装力量"新面貌"改革以来，俄军突出了跨军兵种、跨部门及跨国的联合反恐、联合特种作战等课题的联合训练。俄陆军建立了定期参加联合训练的常态化机制，即每年至少参加1次战略层次的跨军兵种大规模联合演习，每个训练周期至少参加2~3次战役层次的跨军种联合演习。按照军事训练计划，陆军自行组织基础性训练，同时参加军区统一组织的战役、战略级联合演习。如在"西部""东方""中部""高加索"系列战略演习中，均组建陆、海、空诸军种联合部队集群。在演习过程中，陆军重点演练如何与其他军兵种部队集群联合完成作战任务，在与独联体国家进行的"联盟盾牌""协作""牢不可破的兄弟情"等系列演习中也多次演练类似科目。2020年，在战斗和战役训练框架内，俄陆军共举行了2500多次各层级演习，包括与其他军兵种分队及外军举行的联合演习。多年来，依托各类演习等重要平台，俄陆军不仅顺利达成预定的训练指标，还积累了宝贵的演训经验，切实提升了部队的作战能力和战备水平。

四是针对检验俄陆军通信系统效能设置应用性训练内容。随着新一代通信系统陆续装备俄陆军各级部队，俄陆军注重针对检验通信系统性能开展训练，以达到装备研发与使用的一致性。如2016年9月，东部军区组织了年度通信兵部队的大规模训练，旨在检验通信设备能否确保军区司令员和各级指挥员对所属兵力兵器实施稳定、连续的指挥。在通信系统的使用过程中，主要研究在军区跨军种部队集群指挥过程中如何顺畅组织通信、快速开设野战指挥所，检查通信设备、特种设备、卫星通信信道、视频会议用通信设备、指挥所指挥设备等诸多数字化通信手段及自动化指挥器材的工作状况。通过训练，检验通信系统实战化应用效能，切实提高通信专业人员的职业技能，探索在各种复杂条件下完成通信保障任务的最佳方法。

五是设置外交谈判语言能力训练内容。俄陆军认为，每个国家的军队或军人个体都可能成为世界舞台上的某个重要、关键角色。军人都有可能出国考察、学习、参加国际联合演习、竞赛及其他涉外军事活动。因此，俄陆军注重在平时的军事训练中培养军人的语言素养，强化对相关国家语言的学习。这样，一旦与敌直接接触或发生冲突时，首先运用语言优势进行谈判交涉，增加有效化解摩擦和矛盾的概率，达成提高自身生存能力的目的。因此，俄陆军把外交谈判语言能力视为部队战斗力新的组成部分，并把掌握这种能力的人员视为一种战略资源。

三、不同层级内容趋于融合

在现代军事行动中，战略、战役、战斗行动之间的界限变得越来越模糊，有时小规模的战斗行动就能够达成战役甚至战略目的。俄陆军认为，要大力提升陆军各层次训练课题内容的融合度。

一是俄陆军战斗训练课题内容趋于战役性、战略性。战斗训练课题包含在战役和战略联合训练的总体框架内，其内容突出打牢官兵训练基础。在战斗训练过程中，俄陆军注重提高战斗行动指挥员及指挥机关的战役及战略素养，使其掌握总的行动企图，明确己方的职能定位，合理、顺畅指挥战斗行动。同时，战斗训练强调单个人员最基本战术技能的培养及在战役、战略背景行动中的历练。如在当前国际及国内军事政治形势的大背景下，俄陆军战斗训练还要紧盯国家在乌克兰、中亚等地区面临的现实及潜在的安全威胁。为确保达成战斗训练目的，陆军要求广大官兵认真学习俄联邦军事学说、国家安全战略、军事战略及关于运用武装力量保障国家安全等方面的各类文件、命令等。

二是俄陆军战役训练课题内容实现上下贯通。战役训练内容主要突出指挥员及指挥机关指挥能力的培养。陆军战役训练，除完成本级训练内容外，还应考虑战略、战术层次训练的内容，起到承上启下的作用。依据《战斗训练大纲》标准，陆军在平时的训练课题设置中，既要考虑战役级指挥员及指挥机关最基本的战斗素养，有效实施联合战斗行动，又要强调其战略素养的培养。

三是俄陆军战略训练课题内容兼顾战役及战斗训练。战略训练内容突出高级指挥员及指挥机关战略领导能力的培养。俄陆军在平时的战略训练实践过程中，在培养高级指挥员及指挥机关战略筹划与组织指挥能力的同时，也会适当增加战役甚至战术层次训练课题内容，提高战略军事指挥机关对行动全局的掌控能力。

四、实时动态更新训练内容

国家面临的安全威胁、现代战争的特质及军事训练的方式、方法等要素处于实时动态变化之中，这与军事训练内容改革形成矛盾。因此，俄陆军致力于有效化解两者之间的矛盾，及时调整更新军事训练内容。

一是围绕安全威胁的变化调整军事训练内容。一直以来，国家面临的安全威胁的变化都是陆军军事训练内容调整的重要依据。独立以来，俄联邦共颁布了 4 版军事学说。每版军事学说都对国家面临的现实及潜在安全威胁做出判断，明确武装力量的使命任务。1993 年版军事学说认为，俄罗斯面临的现实安全威胁可能是局部武装冲突，同时也存在爆发大规模战争的可能性。2000 年版军事学说在对战争威胁的判断上发生了重大变化，强调俄罗斯仍面临诸多内部和外部安全威胁，爆发大规模战争的可能性有所增加。2010 年、2014 年版军事学说更多关注安全威胁的多样性。同时，2014 年版军事学说明确指出，尽管爆发针对俄罗斯的大规模战争的可能性下降，但俄面临的军事危险却有所增加。在总结现代局部战争及武装冲突特点的基础上，提出在未来作战行动中要突出综合使用新型陆军作战部队、特种部队、非正规武装集团等力量，突出行动的非对称性和非直接性，突出兵力火力的快速机动和应急反应。据此，俄陆军相应调整军事训练内容，注重强化远程战略投送能力和快速反应能力。

二是围绕未来战争特质调整军事训练内容。基于对未来军事威胁及未来战争形态和作战样式的研判，俄军注重把更多前瞻性因素融入军事训练内容之中，逐步提升部队作战能力。从最初实施的力争打赢大规模战争、大纵深战役行动的训练，到网络中心战、非对称作战，再到混合战争、特种军事训练，都是基于对未来战争特点的研判。同时，俄军注重将军事训练内容的调整以训练法规、训练条令及训练大纲等形式及时下发各受训部队。在信息化条件下，作战空间的融合与拓展使联合作战成为未来战争的基本样式，"联合"成为世界主要国家军队的共同追求。为此，俄陆军将联合训练视为军事训练转型的重要内容，不断加大与其他军兵种部队进行联合训练的力度，不断增加联合训练内容的广度和深度，以提升部队遂行多样化任务的能力。

三是围绕军事训练形式变化调整军事训练内容。苏联解体后，在一段时间内，俄陆军各种演训活动存在"走形式"的现象，有些指挥员固守传统的训练方法，缺乏创新意识和进取精神，导致陆军军事训练质量明显下降。特别是在俄格战争中暴露出的俄军战备水平与现代局部战争严重不相适应的矛盾，使俄军高层深刻意识到了问题的严重性，在几轮军事改革中，均把各军兵种军事训练方式、方法的改革摆在重要位置，不断探索适合各军兵种特点的训练方式、方法。基于此，俄陆军不断改革军事训练方法，逐步增加实兵演练比例，围绕实兵演习调整和设置军事训练内容，彻底消除"走形式"的演训。

四是根据作战经验调整军事训练内容。这点在俄陆军训练中体现得非常明显。比如，依据 2020 年之前的作战经验，俄陆军指出，现代武装冲突要求对训练章程和条例进行修改并进一步完善战斗方法。在居民点、建筑物密集的城市地区及战场环境快速变化的条件下实施作战行动的经验表明，必须训练士兵单独或在随队行动中开展短距离作战。因此，在轻武器和战车射击等火力训练中增加了战术射击练习。在训练中使用了新的战术战法，研究侦察装备与各种毁伤性武器的协同、部署展开战斗编队掩护系统及对抗高速装甲目标和无人机等问题，并在训练靶场划出专门场地，针对时速达 60 千米的空中和地面目标进行射击训练。

第三章 俄陆军军事训练模式

军事训练模式是实现军事训练目标的形式，是军事训练体系的重要组成要素，包括军事训练组织形式、实施程序、教学教练方法及手段运用。采用科学、合理的军事训练模式，可以缩短训练周期，减少训练消耗，有效提升训练质效。俄陆军注重结合训练实际，采用适合自身特点的训练模式。除依托部队教导队和军事训练基地对新兵实施单兵训练、初步战术训练、分业训练等基础训练外，武装力量"新面貌"改革以来，在新的军事训练领导与管理体制下，俄陆军还注重借力各种资源，积极探索新的有效训练方法，将其视为提升部队训练水平和作战能力的重要推动因素。本章侧重于研究利用军事训练中心（基地）实施部（分）队训练、依托网络及各种信息资源重点实施指挥训练、运用模拟训练手段实施训练三种主要训练模式。

第一节 利用军事训练中心（基地）实施部（分）队训练

俄军战斗训练总局伊万·布瓦里采夫局长强调，军队必须时刻做好斗争准备，军事训练是提高部队战斗力的重要途径，也是最直接、最有效的军事斗争准备。军事训练中心（基地）在俄军军事训练体系中占据重要地位，它是举行各种演训活动、检验军事训练质量、提升部队战斗力的主要场所。依托军事训练中心实施训练不仅是新军事革命的必然产物，更是推动俄陆军军事训练向更高层次发展的有效手段。为更好适应未来战争和武装冲突的需求，加快现代军事训练体系构建步伐，俄军不断推进军事训练中心（基地）建设。在继承苏联绝大多数军事训练中心的基础上，通过大量改建、扩建和增建工作，目前俄军已建立了系统完善、功能完备、种类多样的军事训练中心体系，能够承担从单兵到战术、战役甚至战略各个层次的训练任务。军事训练中心（基地）成了俄军军事训练的重要物资技术基地，是军事行动的"准战场"。在"准战场"上"敌我"双方的较量，可以有效检验部队的实战化水平及野战技能，有助于提升部（分）队的整体作战能力和对抗能力。目前，俄陆军 80% 以上的军事训练在军事训练中心（基地）进行，实现了依托军事训练中心（基地）实施训练的常态化、制度化。

一、利用军事训练中心（基地）加强实战化训练

军队是要准备打仗的，能战方能止战。实战化训练是提升部队战备水平与履职能力的有效形式，是形成体系作战能力的关键环节。当前，世界各国军队都致力于突出实战化训练，力求使日常训练与实战要求紧密结合，使训练场与战场无缝对接。随着俄军改革的深入推进，实战化训练的内涵和外延得到进一步拓展，已成为其信息化条件下军事训练转型的重要内容和指导原则。在总结近年来局部战争与武装冲突经验教训的基础上，俄陆军瞄准未来战争需求，以作战任务为牵引，以全面提升官兵军事素质和打赢现代战争为核心，不断加强训练体制改革，完善训练基础设施建设，创新军事训练方法，注重训练效能评估检验，努力探索一条高效节约的实战化训练道路。通过实战化训练，

可以发现并解决训练中存在的短板、不足及制约部队战斗力提升的瓶颈问题，形成适应未来战争及武装冲突的新战法、新训法。依托军事训练中心（基地）加强实战化训练，有针对性地磨炼和摔打部队，有助于推动其整体作战能力的提升。

一是依托"准战场"开展个体训练。军事训练中心（基地）可提供强度、难度、险度和逼真度很高的训练环境，即"准战场"，能促使受训部队深度挖掘和全面调动战斗力诸要素的潜能。利用不同军区的军事训练中心（靶场），将参训陆军部队远程跨区投送至陌生地域完成作战任务。每年靶场训练环境设置都有所调整，这样可以克服各种自然和人为阻力，在最真实的态势下训练摔打部队，从而形成管用、能够有效促进战斗力提升的训法，而不是进行花架子训练。如 2013 年组织的第一次突击战备检查暴露出俄陆军部（分）队在战斗准备与人员训练水平方面存在一系列系统性不足，坦克与步战车班组运用编制武器进行射击考核的结果不理想，特别是在单兵火力射击方面，由于训练弹药消耗标准太低导致整体射击水平偏低，甚至部分合同制士兵及义务兵缺少进行实弹射击的机会。为解决这些问题，俄陆军决定加大部队射击训练强度，增加日常训练耗弹量，将训练弹药标准提高了 4 倍，坦克班组成员每周增加 2～3 次火力与驾驶训练，夜间射击和驾驶训练量由上一年度的 30% 增加至 50%。

二是实施"跨中心"联合训练。俄陆军以军区大型训练中心及兵种训练中心为依托，组建训练中心（联合训练基地）网。这些训练中心网紧贴实战要求，具备保障跨军种联演联训的功能，可以有效提高部队的远程机动能力。为检验兵力兵器的机动能力，俄军要求同时使用多个军事训练中心（基地）进行训练。如 2014 年 10 月，南部军区在位于北高加索及南部联邦区主体内的 20 多个靶场、训练中心实施年度检验性作业。陆军部队依据训练计划，成功完成消灭"恐怖分子"等系列军事行动。同时，在位于亚美尼亚共和国、阿布哈兹共和国及南奥塞梯共和国的军事基地，陆军部队按训练科目进行检验性作业，有效检验了部队的机动及实战能力。

三是强化实战背景下的对抗训练。俄陆军认为，战争是敌我双方军事力量为了达到一定目的而进行的激烈对抗，突出对抗性是实战背景下军事训练的根本要求。为适应未来战争及武装冲突的需求，切实提高广大官兵的实战能力，俄陆军遵循"按作战的要求训练，按训练的方式作战"，不断明确对抗训练指标要求，不断加大实战背景下对抗训练强度。如2019年，俄陆军共进行了800多场战术演习，其中一半以上是对抗性演习。利用假想敌部队进行对抗训练，可以达到"真实地与潜在对手进行高强度对抗"，在更加贴近实战的条件下练兵和检验训练效果的目的。如俄军西部军区跨军种军事训练中心编有建制假想敌部队，根据训练需求，可以利用所属力量组建任何假想敌分队。假想敌部队战斗力强、装备精良、训练有素、"形神兼备"，在训练过程中，他们按军事训练中心（基地）制订的行动计划，运用规定的武器装备、激光模拟器材等与受训者展开对抗，尽可能模拟潜在对手的作战样式、特点、技巧，创设各种困难、复杂的模拟对抗作战环境，使训练最大限度地贴近战场、贴近实战，高强度、高仿真地锤炼受训部队的对敌作战能力和应变能力。此外，假想敌部队实行小型、精干编组，这样便于灵活机动，快速抵达作战区域，及时对对手的行动做出反应。利用假想敌部队，俄陆军可较为真实地与潜在对手进行艰苦、逼真的高强度对抗。

四是实施军内及军地之间的联合训练。俄军认为，未来作战面临着多样性的安全威胁，任何单一军种或兵种力量都难以独立完成作战任务，必须强调各军兵种、各大军区之间的合力制胜。可以说，整合战场力量、追求合力制胜是军事领域永恒的主题。基于这种观点，俄陆军注重依托各军事训练中心（基地）组织或参加联合训练，用联合训练的方法来检验陆军部队应对各种危险态势的能力及与其他军兵种部队协同完成任务的能力。因此，除了要加强武装力量各军种之间的联合训练外，还要强化与其他强力部门所属力量之间的联合训练。特别是随着联合作战司令部的组建，俄军将联合训练视为军事训练转型的重要内容，不仅重视加强武装力量诸军兵种之间、各大军区之间的联合训练，还重视开展武装力量与各强力部门之间、武装力量与国家机关及地方政府之间的跨部门联合训练。如"东方-2014"首长-司令部战略演习，参演兵力分别来自东部军区、西部军区、中部军区、各强力部门和执法机构等。通过演习，重点检验了俄东部军区联合指挥、联合作战和联合保障能力及国防部、内务部、联邦安全总局、紧急情况部等强力部门之间的协作机制。未来，俄陆军将更加积极组织并参加跨军兵种、跨部门的联合训练。

五是实施全域训练。当前，俄罗斯面临各种难以预测的、多样性的安全威胁与挑战，陆军部队要着眼提高全谱作战能力，确保能在各种复杂条件下进行远程机动、快速部署、决战决胜。基于对国际、国内形势的判断，俄陆军充分意识到，武装力量诸军兵种已经没有明确的作战地域，没有具体的作战任务，但又必须时刻做好作战准备。相对于其他军种来说，陆军具有更加多样化的作战职能，担负的任务范围更加宽广，必须依托军事训练中心（基地）认真研究全域战的方式方法，使陆军部队能对各种危机形势迅速做出反应，提升遂行多样化作战任务的能力。如西部军区跨军种军事训练中心的数据库中包含所有可能战场的模拟地形，不仅有俄罗斯境内的模拟地形，还有国外相关区域的模拟地形，利用这些模拟地形，陆军可以进行全领域、全要素训练。

二、利用虚拟技术实施模拟训练

近年来，世界各国加速推进信息化训练，广泛利用虚拟现实等军事前沿技术掀起新一轮军事训练变革热潮，取得系列成果。俄陆军积极主动作为，将计算机、网络、虚拟现实等技术不断运用于军事训练，着力拓展军事训练空间，成功研制了"敏锐-1""无畏"等型号模拟器。此外，高精武器装备的造价十分昂贵，若凡是训练都动用实装，不仅耗费巨大成本，而且存在一定的安全隐患。而利用先进技术手段进行模拟训练，在减少训练资源消耗、延长武器装备使用寿命和确保训练安全的前提下，既能对某些行动或技能进行低成本的反复演练，还能对一些复杂、危险科目进行大胆训练。利用虚拟技术进行训练已成为俄陆军信息化训练的重要模式，在战斗力生成中发挥"倍增器"的作用。

一是利用统一的战场环境模拟系统实施训练。目前，俄陆军各军事训练中心（基地）都配有统一的战场环境模拟系统。借助电子地图和模拟器，以三维图像形式模拟全球各类地形特征、各种气候气象条件下的虚拟战场，使受训部队在军事训练中心（基地）就可演练在沙漠、山地、森林、城市地形和极端气象条件下的作战行动。如西部军区跨军种军事训练中心，从大纲体系和装备系统两个方面为旅属各级战术指挥机关训练提供保障，满足营级分队的虚拟对抗演练需求。目前，该中心重点建设自动化模拟系统，主要配备新型自动化练习器和激光射击与毁伤模拟器，其训练软件融合了最新的计算机技术和激光模拟技术，最多可容纳700人同时展开训练，利用声、光、电、烟幕等模拟手段和训练设施，可以仿真各种自然环境和作战环境，模拟摩托化步兵、坦克兵、炮兵、防空兵、航空兵、空降兵、海军陆战队等部（分）队的作战行动，通过在近实战的条件下设置各种战斗情况，推动部队训练水平的提升。

二是利用一体化综合系统实施训练。为提高训练的时效和质量，俄陆军运用自动化战术指挥系统、训练和跟踪考评一体化系统及激光射击与毁伤模拟系统等演练任何类型的行动，实现部（分）队行动的实时推演。如在西部军区跨军种军事训练中心，受训部队可在练习器上进行作业，在虚拟的作战环境中进行训练。在虚拟空间体系中，指挥员能准确掌握敌方意图，正确研判战场态势，精确控制己方行动，适时做出指挥决策。

三是利用无线电遥控靶标系统实施训练。在军事训练中心，俄陆军运用自主研发的作用半径大、自主性强的无线电遥控靶标系统实施带有战术背景的实弹射击训练和演习。用无线电遥控靶标取代固定的机械式靶标后，组训者无须根据靶标情况设置训练、演习内容，而是根据训练、演习需求设置靶标情况，并可在训练过程中随时变换战术情况。如西部军区跨军种军事训练中心使用统一的无线电遥控靶场设备，无须铺设任何电缆就可以设置任何所需的靶场环境。

四是利用自动化战斗训练系统实施"远程在线"训练。目前，俄陆军研发了"远程在线"自动化战斗训练系统，实现了跨区"在线训练"，有效提高了组训机关分析军事训练结果的质量和效果，使指挥员及指挥机关能够迅速做出决策并干预训练过程。在陆军部队进行远程训练时，组训者在军事训练中心（基地）可借助远程可视技术、光电声像技术等实时观察受训部队的任务完成情况，并通过网络对其进行指导。

三、利用特种训练中心（基地）强化特种训练

俄罗斯国土辽阔，地域宽广，地形复杂，气候多样。因此，地理环境条件是陆军军事训练必须考虑的重要因素之一。俄陆军注重针对山地-多林地形、极寒地区特别是北极地区环境条件实施特种训练，锤炼军人在复杂地形、极端气候条件下遂行作战任务的能力，使其能超越生理和心理极限，完成保卫国家领土安全的使命任务。在依托军事训练中心（基地）进行常态化军事训练过程中，俄陆军根据不同的作战环境、不同的作战对手、不同的作战任务进行有针对性的特种训练，培养军人应对各种复杂环境、险中求胜的能力。

一是强化山地特种作战技能训练。依托位于北奥塞梯共和国阿拉尼亚的达里亚尔山地特种训练中心，俄陆军部队积极开展高强度的山地特种战术训练。根据训练大纲，除基本的登山技能和生存技能训练外，还进行综合战术技能训练。如在侦察搜救训练过程中，受训人员要研究如何在陌生环境下判定方位，设置观察哨和潜伏哨，利用就便器材进行各种伪装，抵抗假想敌破坏侦察组的进攻，实施侦察搜救行动等。

在无线电侦察训练过程中，受训人员要演练使用先进的便携式无线电技术侦察设备、"格洛纳斯"全球卫星导航系统等通信设施。此外，还在山地-多林地区进行射击、工程保障作业及车辆驾驶等科目的训练。

二是强化北极地区基地训练。北极地区的自然资源有着可观的储量和开采前景，北极航线开通对欧亚大陆乃至全球的地缘政治、经济格局影响巨大。随着全球气候变暖导致极地冰雪覆盖面积快速缩减，无论是在地缘政治、国家主权等传统安全领域，还是在能源资源、国际航运等非传统安全领域，北极地区都日渐成为俄罗斯、美国、欧洲等利益攸关方觊觎博弈和加紧争夺的重点目标。作为北极地区重要的大国，俄罗斯将北极视为关乎国家安全与发展、化解与反制西方军事围堵的重要战略方向之一。"北约"持续东扩给俄罗斯造成极大的战略挤压，北极地区成为俄最具优势的战略突破方向，可为其在与"北约"的地缘战略竞争中赢得主动权。普京总统表示："北极地区是俄罗斯国家安全、军事、政治、经济、科技与资源的集合地，俄将不惜一切维护在北极的利益。"近年来，特别是乌克兰危机爆发以来，基于国际地缘战略形势的深刻变化，着眼于国家安全与发展全局，俄罗斯积极贯彻落实北极战略，密集采取一系列措施恢复、重建和加强在北极地区的军事存在，不断加大前沿军事部署，不断加快北极装备研发，以更好地保护并实现其在北极地区的军事安全、主权利益和经济利益。为确保实现上述目标，俄罗斯明确了北极地区军事力量建设与武器装备发展的主要方向和任务。2014 年 12 月，俄军组建了北方联合战略指挥部，整合、加强与统辖部署在极地的各军兵种部队，专门负责北极地区的防御任务。该指挥部的组建，不仅进一步完善了极地作战指挥体制，提升了极地联合作战能力，而且极大地推进了俄北极基地和相关设施的现代化建设。2017 年 4 月，俄国防部公开宣传介绍其历时 9 年建造而成的"北极三叶草"军事基地，该基地位于北纬80° 法兰士约瑟夫地群岛中的亚历山大地岛，位于巴伦支海与喀拉海之间，距离北极点 1000 千米左右，是世界上位置最靠北的军事基地，可保障 150

名官兵在无外界补给的情况下执勤 18 个月。2020 年，该基地的设备安装工程已全部完成，共有 334 座建筑物和构筑物。目前，俄罗斯在北极拥有配备齐全的军事设施和条件优越的生活设施，可保证俄军进行全天候作战值班。正如绍伊古所言："当今世界上没有任何国家在北极拥有可与俄罗斯相媲美的军事基础设施。"西方军事专家也承认，俄罗斯在北极地区的军事优势十分明显，"甚至要强于其他 7 个极地国家在该地区军事实力的总和"。俄陆军特别注重训练部队在北极恶劣气候条件下遂行作战任务。在"东方-2014"战略演习中，俄陆军侦察群在北冰洋岛上顺利实施伞降，完成极地训练任务；陆战突击兵团及海军陆战队的 100 名军人实施了夜间空降，成功消灭了假想敌部队的侦察破坏队。针对北极高纬度地带的气候和自然条件，俄在北极陆上军力建设上注重打造常规与特种两种作战力量，先后在摩尔曼斯克州阿拉库尔季镇和亚马尔-涅涅茨自治区组建了 2 支特种摩步旅，全部配备性能优良、适应极地恶劣气候条件的特种装备，如在 T-80 型坦克基础上改进而成的极地版 T-80BVM 型坦克，担负在北极地区执行卫勤、保卫俄北冰洋沿岸区域和设施的任务。自恢复北极地区常态军事存在以来，俄军通过积极开展战备突击检查、实战化训练、联合军事演习等多种手段，不断提升极地作战能力和战略威慑能力，北极驻军已具备自给自足遂行中等规模、较长时间作战任务的能力。

三是强化心理素质及战斗精神培养。物质因素在战争中影响巨大，但心理、精神因素同样不可小觑。拿破仑曾说过："在战争中，精神因素与物质因素的比重大约是三比一。"心理素质和战斗精神是战斗力的重要组成部分，没有过硬的心理素质和顽强的战斗精神，即便有再好的作战条件，军队也是不能打胜仗的。随着以信息技术为核心的高新技术在军事领域的广泛应用，使战争的突然性、残酷性大幅提升，参战官兵易产生紧张、恐惧、悲观和消沉等不良情绪，这就需要进行提高冷静、稳定和专注等心理素质的心理训练和强化战斗精神的培塑，就是要把"勇于作战""敢于胜利""无所畏惧"等观念融入战斗员骨血，根植于战斗员思维，变成战斗员自觉行为的活动过程。训练是有助于心理素质和战斗精神形成的基本手段，俄陆军按照"像打仗一样训练，打仗需要什么就练什么"的要求，始终注重将道德、心理训练融入军事训练和日常勤务的全过程，从抓好平时每一次训练、完成好每一项任务做起，一点一滴历练官兵的心理素质，铸造过硬的战斗精神。未来战争将更具复杂性、残酷性、激烈性，这就要求军人必须具备良好的心理素质和极强的战斗精神，具备在各种复杂、陌生、紧张、恐惧、极端的环境中保护自己、快速反应、消灭对手的能力。在军事训练中心，组训者通过运用声、光、电等信息技术手段模拟真实的战场环境，营造激烈残酷的作战氛围，设置多样性的训练科目，对受训者实施道德心理训练。在训练过程中，有意识地设危局、摆险局、布残局，加大难度、强度、险度，通过严格的"实战化""情景化"训练，使受训官兵始终处于"战时"状态、闻到战场硝烟、体验作战感觉，在真刀真枪的比拼中锻铸处变不惊、临危不惧、百折不挠、绝地求胜的意志品质。

第二节　依托网络及各种信息资源重点实施指挥训练

在军事训练过程中，俄陆军注重利用各种信息技术手段模拟真实的战场环境，依托互联互通的网络训练平台，实现信息实时共享功能，主要针对各级各类指挥员和指挥机构，突出处理信息的指挥训练，实现信息的实时共享和处理。

一、国家防务指挥中心支撑陆军军种指挥系统训练

2013 年 1 月 29 日，俄国防部部长绍伊古、总参谋长格拉西莫夫向普京总统提交了新的国防计划，其内容包含了对国家面临的内、外部安全威胁的预测及对潜在敌人军事能力的判断，把目光投在未来战争

的设计上。绍伊古指出，在信息化条件下，战场不再局限于军事领域，已经朝着其他领域无限扩大，现代战争的军事特性有所降低，但其信息含量不断增加，军事行动将从信息准备开始，军事打击首先针对国家军政高层领导、重要军事目标和关键基础设施等。为有效应对日益多元化的内、外部安全威胁和挑战，包括陆军在内的诸军兵种部队必须具备在任何条件下对敌对行动做出快速反应、果断处置的能力。同时，在现代战争中，信息容量多倍增长，其变化周期从几周、几昼夜、几小时缩短到几分钟。因此，必须实时跟踪国际地缘战略形势的发展变化，综合分析各种环境条件，研究制定应对预案。为应对瞬息万变的形势，俄整合国防资源，统筹运用军事力量，着力编织一张覆盖全境的国家安全事务决策指挥大网，连接包括陆军在内的各军兵种各级指挥机关的指挥系统，有目的地开展军事训练。陆军在国家防务指挥中心的支撑下积极开展指挥系统训练。

一是演练俄陆军各级指挥系统网络在国家防务指挥中心中的基本职能。国防部部长绍伊古指出，国家防务指挥中心是俄罗斯在国防领域的最高决策和指挥机构，是集俄联邦国家、社会及军事安全"三位一体"保障体系的联合行动指挥中心，拥有强大的自给自足能力，装备现代化的指挥通信、数据处理系统，平时是俄总统领导和指挥国防活动的中枢，战时是"最高统帅部大本营"，能有效协调军队、各强力部门、中央和地方各级政府部门、军工企业等在国防领域的所有活动，在军队作战指挥、演习训练、日常管理、危机处置等方面发挥着重要作用。国家防务指挥中心平时维持包括陆军在内的各军兵种部门、机关在各个方向上的安全，并能快速实施平战机制转换。国家防务指挥中心是军事指挥系统的最高层，通过该中心，俄领导人可以指挥控制所有重大军事行动，大幅提高了作战指挥效率；直接督导部队日常活动并针对相关事件提出建议，随时发现问题并立即解决问题。俄陆军依托国家防务指挥中心实施指挥系统训练。

二是俄陆军各级指挥系统在中心网状结构中掌握所属部（分）队训

练情况。国家防务指挥中心信息平台整合了 73 个国家权力执行机关、85 个地区权力机关、1320 个国防军工企业，首次在国家和地区层面建立起统一的信息空间。按职能任务下设战略核力量指挥中心、作战指挥中心、日常行动指挥中心，主要的使命任务是有效协调俄各联邦各部门、机关及俄诸军兵种的行动，保证国家防御的稳定及安全。对于俄国防部来说，国家防务指挥中心就是大网的核心，在各军区设地区指挥中心，在各军兵种和军团设区域指挥中心，在各兵团（师、旅）设指挥所。所有这些军事指挥机关位于统一的信息系统中，连起来就是一张网，网的中心就是俄国防部。其他地方部门和机关也具有类似的机构，在统一的信息建设规划中，通过稳定的通信信道实现与军事指挥系统的无缝、闭合连接。基于此，陆军各级指挥层能够实时掌握所属部（分）队的训练情况，指导下级把握训练节奏，科学合理地推进训练进度。

三是保持俄陆军指挥系统实时处于国家防务指挥中心的监督之下。平时，国家防务指挥中心保持武装力量诸军兵种的战斗指挥系统始终处于战备状态，监督各战略方向上部队集群状况，每昼夜 6 次分析获取的各类行动信息并提供决策建议。通过国家防务指挥中心，军队高层领导可以实时在线观察包括俄陆军部队在内整个武装力量的所有行动，监督各种演训活动的实施情况。监视器上实时反映全国各地发生的各种事件，陆军领导要根据相关情况迅速做出反应并进行指挥，控制事件发展态势，并组织处理善后。陆军制定的军事行动方案会录入数据文件存储器进行信息储备，为国家军政高层领导定下决心提供参考。同时，陆军部队平时的各种演训活动信息也实时传到该中心，接受该中心监督，必要时部队指挥员可与该中心沟通协调演训方案。

二、网络系统支撑陆军自动化指挥系统训练

网络的强大覆盖功能是陆军组织自动化指挥系统训练的重要支撑。

俄陆军依托网络组织训练，达到有效提高自动化指挥系统运行效率的目的。

一是针对完善陆军自动化指挥系统实施训练。俄陆军认为，在未来的作战行动中，部队（兵力）和兵器的自动化指挥系统将发挥至关重要的作用。因此，必须使用并进一步完善 C^5ISR 系统（指挥、控制、通信、计算机、网络、情报、监视与侦察系统）的标准，保证陆军自动化指挥系统与通信系统各要素之间，以及作战系统同友邻（同盟者）系统各要素之间的协调和统一，并通过军事训练行动进一步完善陆军自动化指挥系统的功能。

二是在综合系统中演练陆军战术指挥系统。在未来战争及武装冲突中，谁拥有更先进的侦察和打击手段，就能够更多地掌握敌情信息，更快、更准地下决策，更高效精准地指挥所属兵力兵器。也就是说，把指挥控制、情报侦察、预警探测、通信保障、电子对抗信息系统和各军种信息系统实现多层次、大范围的连接，纳入一个综合的大系统之中，实现准确的信息传递与信息共享，就能确保一体化联合作战整体效能的最大发挥。在这个自动化指挥系统链中，最基础的系统是战术指挥系统。指挥的有效性取决于对敌杀伤的程度，必须连接可靠性强、稳定性高的战术级自动化指挥系统，并与上级战役战略、战役军团指挥自动化系统联成一体。通过杀伤兵力兵器指挥过程计算机化，有效提高作战指挥效能。比如，把战术自动化指挥系统连接到综合大系统中的自动化指挥、卫星导航和数字化通信等分系统当中。每个技术装备单元，即旅长和司令部指挥车、分队指挥员的步战车、车载计算机，受领并下达作战命令，确定自己的坐标，并在笔记本屏幕上显示带有作战环境的电子地图。营长或兵种部队指挥员通过计算机中电子作战态势图和网络信息来受领任务。侦察主任能通过侦察群和无人驾驶飞行器获取信息，并模拟敌人的战斗队形。防空兵主任能借助雷达器材获取空中态势图。旅长或参谋长可以看见任何人的工作图，了解每个技术装备、坦克或装甲步战车的转移和精确位置。此时，所有系统都连接到统一的网络上，借助电子作战态势图上的图表，可以使所有用户在实时状态下获取和下达战斗命令。

三是通过训练检验自动化指挥系统性能的稳定性。现代化的指挥系统应能有效完成所有作战任务。在系统的实时作战运用过程中，自动化器材应最大限度地减轻指挥机关的工作。也就是说，自动化指挥系统应方便用户使用，应遵循"按下并忘记"的原则。借助自动化设备下达命令后，指挥员可转向完成新的任务，而不需要关注下达的命令是否被执行。此外，在非常极端的条件下，也要保证系统的稳定性，即在温度变化极大的情况下也能正常运行。

三、战场数字化系统覆盖全员训练

武装力量"新面貌"改革期间，俄军将"网络中心战"的内涵运用于战场建设与部队改革之中，认为战争的中心已从传统的陆地和海洋转移到空天和信息领域，未来战争形态将从"百万大军的大规模线式作战"转变为新式机动防御和以网络为中心的全面对抗。为此，俄军按照统一的标准，大力推进封闭的、内部互联互通的、覆盖全球的数字化战场建设，努力形成统一的军事信息空间，获取全维作战主动权。数字化战场是无形战场，在达成作战目的方面起着至关重要的作用。为实现数字化战场用户训练的全员化，俄陆军逐步更新数字化通信设备。通过各种类型多元交互的信息系统将所有作战要素链接在一起，对各种信息资源进行集中整合，在数字电子地形图中生成"统一战斗形势图"，使指挥员在任何时间内都能掌握战场态势，并及时将相关信息通报给部队。

一方面，依托现代化数字化通信设备重点实施战术训练。俄军通信总局局长瓦吉姆·马柳科夫少将称，2020 年前俄武装力量诸军兵种部队都将装备现代化的通信设备。目前，俄南部军区陆军先进通信的装备程度比较高，其中包括便携式无线电台。这些设备在俄军组织的历次首长–司令部演习的野战条件下接受了检验。目前，俄陆军部队，特别是战术层级的部队，基本完成换装数字化通信设备，极大地缩短了从发现目标到打击目标的周期。俄陆军借助新的数字化通信设备演练提高部队指挥效能、战场行动自同步水平、生存能力及协同水平的有效方法。

另一方面，注重依托封闭式野战通信网实施训练。目前，俄陆军在各种演训活动中都积极使用封闭式野战通信系统，该系统能够提供统一、用各种通信方式相连接的信息空间，并运用新的信息技术和现代化的指挥、观察、侦察和数据收集系统与固定系统、各级火力打击要素联合实施行动。如2012年俄陆军装备的"激情"通信系统，具有独特的优势，可以保证在所有频率上与手机进行联系，与所有服务点协同，具有极高的自我保护性能。俄陆军依托野战通信网组织各种演训活动，极大地提升了作战指挥效率。

第三节　运用模拟训练手段实施训练

俄军认为，作为实战化训练的重要补充，模拟训练就是充分运用以计算机为核心的现代模拟技术实现军事训练水平的整体跃升，以最大的效费比实现战斗力的有机生成。目前，俄陆军大量运用计算机技术、网络技术、人工智能技术等高新技术，研发引进模拟训练系统，广泛用于进行单兵单装训练、作战指挥训练、战役战术训练、反恐特种战训练等，使指挥员、指挥机关、部（分）队及单个人员能充分开发运用模拟训练手段功能，在虚拟战场上展开作战行动演练，在模拟仿真环境中体验战争和学习战争，进而挖掘新的实用战法和训法。

一、模拟逼真的作战环境

为保障网络中心战的实施，俄陆军大量使用模拟训练器材，广泛运用"虚拟现实"等军事前沿技术，创造出贴近未来军事行动真实状态的"人工合成环境"，使受训者在十分逼真的虚拟仿真环境中进行验证行动方案、模拟指挥决策等"预实践"，增强了部队对战场环境的适应力和融合度，提高了战役、战斗训练的效益。军事训练研究机构通过对这种"预实践"得出的相关数据进行分析，不断完善行动方案，以便更好地指导未来作战。在2002年10月发生的莫斯科剧院人质事件中，在发起营救行动之前，俄"阿尔法"特战小组利用模拟仿真训练系统熟悉剧院内部环境，"摸索"开进路线，并多次模拟演练释放化学气体的方法及可能产生的后果。事实证明，模拟仿真训练系统在这次解救人质事件中发挥了重要作用。为支持战役-战略、战役和战术层级部队定下决心和制订兵力运用计划，俄陆军正在大力研发信息模拟环境系统。借助该系统内置的仿真环境、部队编成、武器装备技战术性能等信息，可推演各类军事行动方案。

二、模拟军事行动计划制订流程

俄陆军军事教学科研分析中心研究表明，为提高实时状态下军事行动的有效性，可以按作战阶段给部队下达任务。以摩步旅作战为例，将摩步旅作战计划划分为五个阶段并模拟其行动。第一阶段（准备阶段），合理创建摩步旅军事行动准备与实施的数据库。该数据库包括摩步旅的编成及武器装备、任务区域地形条件等必要信息。在此基础上，制定体系化的电子表格。第二阶段，受领战斗任务后，制订摩步旅的使用计划并模拟其作战行动。第三阶段，从形成拟制文件能力的角度出发，专门研发能够不间断拟制计划文件的系统。必要时，旅长通过系统可自动定下决策，形成报告方案，向集团军司令报告，并为所属分队指挥员明确任务。在确定统一的信息侦察空间各个主体提供信息的可靠性后，进一步完善数据库。第四阶段，旅受领战斗任务（命令）后，必须认真理解集团军司令员所明确的任务，及时掌握战场态势，确保能够自动为分队明确任务。第五阶段，在指挥摩步旅的作战行动过程中，在保证决策建议公开性的同时，在最短时间内给火力毁伤席位传输命令。用类似的方法可以研究制订战役、战役-战略、战略军团、部队（兵力）集群的使用和模拟计划，并细化到火器（战斗系统）的使用计划。

三、推演军事行动实施方案

在模拟训练过程中，陆军部队可以推演和验证各种行动方案，模拟指挥各阶段的具体军事行动，同时，模拟各类火力毁伤兵力兵器及战斗装备的使用效果，实时推演交战双方各种作战行动过程，客观评估部队指挥员及指挥机关的指挥能力及综合素养。未来，俄陆军将不断利用现有武器和军事技术装备实施野战训练。这些装备配备激光射击与毁伤模拟器，能够模拟战场的数字化模型，其中包括直瞄火器机动和开火的模拟。如在俄陆军某诸兵种合成旅培训中心，炮兵分队或航空兵在与其他分队统一的作战时间和规定的场地（地段）内完成作战任务，其当前的火力态势和打击结果被实时传输至合成旅培训中心，并在中心系统上展示军事行动具体态势，为陆军指挥员推演各类军事行动提供最客观的素材及依据。

第四章　俄陆军军事训练考评

　　军事训练考评体系是指军事训练组织领导机构对军事训练考评机构、考评科目和标准、考评方式方法、登记、统计等内容建立的规章制度。军事训练考评是整个军事训练周期中的重要环节，是检验实战化训练成果的主要方式，也是保证训练质效不可缺少的必要手段。俄陆军不断完善创新训练考评机制，科学合理设定考评内容，注重通过客观、严格、真实地考评检验部队的训练成效，及时发现部队训练中存在的问题、偏差及各种制约因素，牵引军事训练最大限度地向实战靠拢，加快部队战斗力的生成。

第一节　军事训练考评机制

　　俄陆军军事训练内容宽、涉及面广，考评任务非常繁重。为搞好军事训练考评，俄陆军不断调整完善军事训练考评机制，组建权威的考评机构，制定严格的考评标准，定期考评军事训练状况，并及时总结和推广军事训练中的有益经验和成功做法，为军事训练赋能增效提供基本的制度保障。

一、按职责分工，组建权威的考评机构

俄军认为，组建职责清晰、高效运行的最高军事训练考评机构与部队各级军事训练考评机构紧密结合的考评机构网，是客观考评部队军事训练水平的基本保证。根据国防部部长命令，在总参谋部及各大军区均设有军事训练工作评价组（综合检查委员会）。同时，在独立营和所有团级以上单位设立考评委员会，负责对本级单位训练考评工作的计划、组织、实施与管理。总体上形成了自上而下、涵盖各级各类部队的军事训练考评机构，达到了全编制、全员考核，有效解决了军事训练考评过程中存在死角的问题。各级各类军事训练工作评价组负责检查部（分）队的战斗训练、作战值班、演习训练等综合情况，尔后及时将考评结果汇报给上级军事指挥机关。

二、选拔任用高素质的考评人员

军事训练考评人员的能力素质直接决定训练考评工作的质量。俄陆军非常重视考评人员的基本素质，建立了严格的考评人员任职资格制度。军事训练考评机构成员必须具有以下任职资格：第一，必须具有丰富的部队和军事指挥机关工作经历，熟练掌握部队军事训练和日常活动的特点规律；第二，必须全面、透彻理解军事训练考评的目的、内容及标准；第三，必须是军事训练领域的"行家里手"，同时还须掌握相关领域的军事知识；第四，必须具备超强的工作能力和较高的职业道德素养。随着武装力量"新面貌"改革的深入发展，俄陆军不断调整完善军事训练考评人员的任用标准，按照"人员结构多元、知识结构复合、专业结构配套、年龄梯次合理"的总体原则遴选考评人员，努力打造一支"素质过硬、业务精通、技能精湛"的考评队伍，确保能够"考得了""评得准"。

三、遵循"战训一致"原则，制定考评标准

考评标准是达成考评目的的载体，是实施考评的基本遵循。科学、

合理、规范的军事训练考评标准是最大程度上达成考评真实性与客观性的重要保证。俄军制定了符合部队训练实际的考评标准，并以法规文件的形式固定下来，列入《俄联邦武装力量考核办法》并正式颁发，形成了具有强制约束力、科学严谨的训练考评标准体系。在进行实战化训练、各种演习演训等军事训练过程中，俄陆军严格按照上述标准对部队进行客观考评，采用这种做法可以最大限度地减少各种因素干扰，特别是减少考评人员主观态度的影响，能够较为准确地反映陆军部队的真实训练水平和实际作战能力，确保考评目的的达成。

　　俄陆军认为，军事训练大纲是制定军事训练考评标准的基本依据。在平时的军事训练考评过程中，陆军注重把考评标准与训练大纲结合起来，力争最大限度地使二者保持一致。考评标准不仅是训练标准，也是作战标准，具有强制约束力，发挥指挥棒的作用，受训部队根据该标准组织实施各种演训活动。军事训练考评标准的制定要遵循以下原则：一是平战结合。既要考虑部队平时常规性训练情况，又要兼顾战时突发特殊态势，为训练考评标准的后续修改完善留有一定的空间。二是多样性。军事训练考评标准既是战役战斗训练经验的总结升华，又包含影响和制约陆军部队战斗力生成的其他诸要素。三是科学性。军事训练考评标准既要经过相关机构的充分研究和论证，又要经过各种样式的战争及武装冲突的实践检验，以便及时调整、充实和完善训练考评标准。

　　俄陆军对部队训练情况的考评结果分为四个等级，即优秀、良好、及格和不及格，并为每个等级都制定了详细的标准和要求。比如，在对分队战斗射击训练的结果进行评定时，"优秀"的标准是分队完成训练标准考核的正面评定不低于90%、优秀率超过50%、在训练过程中无犯规、违纪和各种事故。"良好"的标准是分队完成训练标准考核的正面评定不低于80%、良好率超过50%、在训练过程中有轻微违纪和装备损坏情况，但并未造成人员伤亡。"及格"的标准是分队完成训练标准考核的正面评定不低于70%、良好率超过50%、在训练过程中存在违纪和装备损坏等事故，但只造成轻微的人员伤亡。其余的考核成绩则为"不及格"。

四、及时客观地反馈考评结果

军事训练考评的目的是客观反映部队的训练情况，准确评估其履职能力，进而探寻促进部队战斗力提升的有效办法。军事训练考评的结果，既是制定受训部队建设与发展规划的重要依据，也是调整与优化军事训练内容的重要参考。各级考评机构按照程序规范组织考评，确保军事训练各个环节考评结果认定的合理性、科学性。考评结束后，考评机构根据考评结果评估部队的训练水平，分析军事指挥机关及所属部（分）队和人员的履职能力，并将考评结果报告给上级军事指挥机关，同时反馈给受训部队，使受训部队能及时了解自身训练中存在的问题、不足，进而进行有针对性的调整改进。

第二节　军事训练考评方法

科学、合理、实用的军事训练考评方法是考量军事训练质效的一把尺子。俄陆军认为，只有采用这种考评方法，才能客观地反映陆军部队战斗力最真实的状态，剖析问题，查找不足，总结经验，为制定新的训令教令、训练大纲等法规性文件提供可靠的实践依据和数据支撑。

一、突击战备检查

突击战备检查是军事训练考评的重要方法，是指上级在没有任何征兆的情况下，突击检查所属部（分）队按照条令和要求完成战备等级转换的水平和能力。这种以"不打招呼""突然袭击"的方式使部队接受实战化考核，目的在于真实反映紧急状态下各级指挥员的组织指挥能力和部队的训练、战备水平，使存在的问题"无所遁形"，并积极探寻解决问题的办法。为使部队常年保持较高的战备水平，2013年，在普京总统的倡议和推动下，俄军恢复了苏联时期实行的突击战备检查制度。国防部部长绍伊古也曾指出，尽管俄军每年都举行数十场战役战略演习和千余场营级以上规模的战术演习，但这些演习均是"事先预知情况、提前计划准备"，参演部队提前数月就知道在什么时间、什么地点演练哪些科目，尽管导演部在演习过程中会视情增设新情况，但大体场景不会有太大的变化，这难以真实反映部队的训练水平。不能客观评估战役战斗训练水平，就难以进一步提高训练质量。突击战备检查是和平时期最贴近实战的一种考评方式，能客观检验部队的实战化训练水平、战备水平，暴露军队建设中存在的深层次矛盾与问题，为俄军下一步的改革调整提供依据、指明方向。

近年来，在武装力量最高统帅、国防部部长、总参谋长的领导下，俄军在各战略方向上多次组织大规模突击战备检查，覆盖战略、战役和战术各个层级，涉及各大军区和所有军兵种部队。通过一系列大规模突击战备检查及各军区和各军兵种自行组织的检查，俄军政高层对整个武装力量的战备、训练情况有了全面了解，从中发现了部队在组织指挥、战略投送、远程机动、作战保障等方面存在的问题，总参谋部组织专门力量对发现的问题进行了科学研判，坚持具体问题具体分析，针对全局性问题和局部性问题分别提出整改的指导性、指令性文件，并对后续整改落实情况进行跟踪督查。2013 年，在对包括陆军在内的诸军兵种进行的大规模突击战备检查中，国防部、总参谋部专门抽调军官组成作战检查组，深入一线对部队的演训情况进行实地跟踪督导，客观了解部队的战备水平，发现日常训练中存在的问题，及时对相关问题进行深入分析，并制定针对性较强的整改措施。

2014 年，俄武装力量总参谋长格拉西莫夫在谈到关于俄军发展的主要任务时指出："为客观评估军队的真实状态，将继续对部队（兵力）实施突击战备检查。采用这种方法的好处在于可以客观了解部队最真实的状态，准确评估部队履行使命任务的能力。最重要的是，对在突击检查中发现的问题与不足能及时做出调整、改进，有利于继续推动部队的改革与发展。"此番讲话重申了俄军高层对突击战备检查重要性的认识。

目前，突击战备检查成了俄军对部队训练、战备情况进行随机检查的重要方法。俄陆军结合自身使命任务，确立了以"发现问题、查找不足"为主要目的的演练指导，形成了较为顺畅的突击战备检查流程。自 2013 年起，陆军每年都对各级部队进行多次突击战备检查，演训内容完全按实战标准设置，涵盖作战和后装保障的各个环节，包括突发警报、紧急拉动、跨区机动、战役展开、实弹射击、攻防演练、掩护支援、部队后撤等，全面检验部队战备水平，特别是检验部队的指挥协同能力、机动快反能力和后装保障能力。2016 年，俄陆军共组织了五次全军性突击战备检查和若干次局部突击检查。突击战备检查结束后，俄陆军各级训练主管部门对检查中发现的问题进行分类整理，查找原因，制订整改计划，为修订作战条令、完善作战预案、调整军事训练大纲提供了客观依据。实践表明，无论是从经济发展、军队建设，还是从应对挑战、化解危机的角度看，这种突击战备检查都具有重大意义，对俄军未来长远发展和战斗力提升乃至国家安全的维护都将产生深远的影响。

二、通过各类军事比赛考评

军事比赛是军事训练考评的基础方法。为激发广大官兵的训练热情，提高部队的训练水平和作战能力，俄陆军高度注重以赛促训，在军事训练中引入竞赛原则，通过全军（军种）动员、层层选拔、优中选优的形式组织比武竞赛，提高部队训练质量效益和官兵作战技能。

一方面，通过俄军内部的军事比赛组织考评。在陆军内部举行的军事比赛中，专门成立的考评小组依据各项考评标准，综合考评参赛单个人员、指挥机关和部队，查找比赛实际状况与标准之间的差距。具体表现为评估武器装备的实际运用效果，评估单兵与武器装备之间的融合度；评估各级指挥机关能否对所属部队及各种支援力量实施顺畅指挥；评估部队的整体作战能力，查找与其他军兵种部队之间的差距。比如，2011 年 8 月，在西部军区穆林诺军事训练中心组织陆军摩步营、坦克营野战技能竞赛时，俄陆军成立了权威的考评委员会，其成员包括陆军战斗训练局代表、基层部队军官代表和陆军军事教学-科研中心（俄罗斯联邦武装力量诸兵种合成军事学院）的教员代表等。考评委员会客观评价了陆军部（分）队及单个人员的野战技能，并保存考评数据，形成数据库，为制定新的军事训练考评标准提供了有力的数据支撑。基于军事训练的重点，考评委员会评估参赛者对军事理论的掌握程度及具体实践行动、单个人员使用武器装备的情况、战斗中完成分队及火力指挥任务的情况、完成检验性射击和战车驾驶的情况以及对体能训练标准的执行情况等。2016 年 5 月，俄陆军在莫斯科举行了四大军区优秀营长比赛，比赛的主要科目包括战术、火力、体能及战车驾驶等。由来自陆军战斗训练局、陆军军事教学-科研中心的军官代表组成考评委员会，专门评估营长的军事素养和职业技能。陆军战斗训练局副局长指出，竞赛的目的在于选拔军事素养高、作战能力强的优秀营级指挥员，并不断提升其野战技能和指挥决策能力。

另一方面，在参加国际军事比赛中组织考评。国际军事比赛是俄国防部 2013 年发起主办、有众多国家参加的国际军事交流合作活动。俄国防部部长绍伊古明确指出："举办国际军事比赛，不仅能丰富部队军事训练样式，夯实军事训练基础，提升单兵及部（分）队的训练质效，而且能切实提高俄军在国际军事舞台上的影响力、竞争力。"为此，俄国防部不惜投入大量人力、物力、财力，意在将国际军事比赛打造成"军事领域的奥林匹克"。陆军国际军事比赛在国际军事交流合作中占有特殊地位，从最初的"坦克两项"竞赛发展成今天涵盖不同专业、不同领域、不同军兵种力量的综合性竞技比赛。赛场如战场，备赛参赛的过程实质上就是实训实战的过程。国际军事比赛完全按照野战化、实战化要求设置竞技条件、内容规则和裁评标准，是对各国参赛官兵作战能力、协同能力、对抗能力和精神心理的全面检验。通过赛场比拼，可以检验本国军队的战备水平、训练水平、武器装备技战术性能，找到与他国军队在训练理念、训练方式等方面的差距，学习他国军事文化、军事训练经验、组训方式方法等，有助于推动部队训练水平和质量的提高。在国际军事比赛中，俄国防部会成立比赛考评专家组，对本国参赛人员及武器装备的情况进行全面考核，深入查找部队实战化练兵备战中的短板，为不断完善包括陆军在内的诸军兵种部队战斗训练大纲提供客观依据。

三、实施各类演习

俄陆军认为，演习是军事、战备训练的重要内容和最高形式，是全面考评部队训练情况、研究新战法训法和检验新式武器装备技战术性能的重要手段，是训练考评的最高级方法。通过演习，能够及时发现部队训练中存在的问题，为军事训练改革转型提供基本依据。俄陆军根据演习规模组建相应级别的考评组。如 2015 年 9 月 14 日至 20 日，俄军在中部军区举行了年度最大规模的首长-司令部战略演习，即"中部-2015"战略演习。演习特别强调了考核性，将计划内演习与计划外检查实现无缝衔接。演习过程中，俄军借鉴了突击战备检查的做法，在无脚本、无预案的情况下随机实施大量科目演练，并根据战场态势不断调整演习场景。乌拉尔地区的某摩步旅旅长声称："在整个演习过程中，我旅各分队指挥员根本不可能提前知晓演练内容，更不知晓下一道命令是什么，部队都是在战场态势急剧变化的情况下展开行动。"这种组训方式既增加了演习的难度，又渲染了演习的实战氛围，达到了真实、客观考核部队实际战斗力的目的。通过此次演习，检验了陆军各级军事指挥系统与其他军兵种指挥系统的协同作战水平，评估了陆军部（分）队单个人员的军事素养、战斗技能及遂行各种训练（战斗）任务的准备程度。从检查评估的结果来看，陆军部（分）队无论是单独还是作为联合部队集群的组成部分，都能确保在复杂条件下对军事威胁做出快速有效反应并完成既定任务。

四、阅兵

阅兵是军事训练考评的补充方法。俄罗斯有着悠久的阅兵传统。对俄罗斯人来说，阅兵从来都不是简单的例行仪式，而是为了重温历史、缅怀先烈、告慰老兵的国家大事。通过阅兵，可以全面检验军队的改革成果和战备能力，对内可以鼓舞军民士气、增强民族凝聚力、展现军队建设成就，对外可以彰显综合国力、威慑潜在对手和巩固同盟关系。苏联在存续的69年里，共举行了近200次阅兵。其中，1941年11月7日举行的莫斯科红场阅兵最为著名，也最具历史意义。当天，部队接受检阅后，带着高昂的士气和昂扬的斗志直接奔赴苏德战场，经过浴血奋战，苏军顶住了德军的进攻并很快转入反攻。2015年5月9日，在庆祝卫国战争胜利70周年阅兵式上，以"阿玛塔"主战坦克、T-15步战车、"库尔干人"履带式步战车等为代表的俄陆军新一代陆战平台集体亮相，不仅展现了俄陆军武器装备发展的最新成果，也彰显了陆军在俄武装力量建设中的重要地位及俄加强陆军作战力量建设的坚强决心。通常认为，突击战备检查、比武竞赛、各类演训活动是军事训练的基本考评方法，阅兵则是通过另一个平台来全面展示军队建设成就和战备水平，是上述三种方法的有益补充。俄罗斯每年例行举行"五·九"胜利日大阅兵和"一一·七"十月革命胜利日大阅兵，同时，俄军会专门组织相关人员对阅兵训练进行全面考评，检验武器装备的技战术性能是否符合新战争形态的要求，检验部队的训练、战备水平是否达到规定的水准，检验官兵的战斗精神是否符合俄军高层的期望。

第三节　军事训练考评内容与标准

军事训练考评内容和标准依据《军事训练大纲》和部（分）队训练实际内容、训练实际环境制定。俄陆军认为，军事训练考评内容涵盖军事训练的方方面面，是部队军事训练的重要方向标，应科学确定、合理设置，确保考评效率，最大限度地达成训练内容与考评内容的一致性。

一、考评课题瞄准提高部队综合能力

随着现代技术广泛应用于军事领域及战争形态的发展演变，俄陆军

的职能使命不断拓展延伸。为确保在复杂多变的战场环境中圆满完成多样化军事任务，俄陆军部队必须具备综合作战能力。在未来战争及武装冲突中，指挥员的指挥能力、指挥系统的运行状态、军人个体的综合素养、武器装备的技战术性能等，将直接影响甚至决定作战行动的进程和结局。因此，俄陆军始终着眼于提高部队的综合能力设定军事训练考评课题。

围绕提高部队的综合能力，俄陆军遵循两条主线确定军事训练考评课题：一是考核部队整体遂行多样化任务的能力；二是考核军人个体的作战能力。军人个体的战斗能力既包含各级指挥员的指挥控制能力，也包含其他指挥员单个人员遂行战斗任务的能力。为此，在考评过程中，俄陆军注重创设最危险、最复杂的战场环境，营造最贴近实战的战场氛围。首先，考评部队人员编成、训练时间等是否科学合理，是否符合实战需求。其次，检验武器装备的真实状态和作战运用效果。在训练过程中，综合使用当前及远景武器和军事技术装备，有效评估多代装备的技战术性能，通过对比查明新旧装备之间的差距，为未来装备的进一步完善和发展提供科学依据。最后，考评各级指挥员及指挥机关是否具备指挥现代局部战争和掌控战争全局的能力。

二、依据军事训练大纲及训练计划设定考评内容

在军事训练考评内容的设定上，俄陆军优先考虑的是军事训练大纲及年度军事训练计划。

首先，考评军事训练内容设计的质量标准，即考评训练内容设计是否与俄联邦军事学说的具体方针、军事训练大纲和年度军事训练计划的基本要求，陆军担负的使命任务及现代局部战争和武装冲突的特点相符合。

其次，考评组训流程是否顺畅，即考评指挥员是否具备较高的军事和理论素养、指挥机关是否能高效使用新型自动化指挥系统、组训方式方法是否科学合理、作战行动诸要素是否能达到规定的标准等。在考评过程中，部队可按不同作战预案达成行动目标，考评小组将对比

评估各种作战预案的合理性，为探索新战法、新训法提供实践依据。

最后，及时更新考评内容。随着全球地缘政治和战略格局的深刻调整，俄罗斯面临的安全威胁日趋综合化、多样化和复杂化，陆军担负的使命任务不断拓展延伸。俄陆军瞄准未来战争需求，以作战任务为牵引，不断调整优化军事训练内容。遵循"训战一致"原则，军事训练考评内容也随之不断更新完善。近年来，小规模战斗群在军事行动中的作用愈加凸显。随着武装力量建设改革的推进，根据军事斗争实践的需要，俄陆军开始大力加强营战术群建设。尽管营战术群作为加强型战术分队处于整个指挥链的末端，但由于作用关键，其在陆军领导指挥体制中的地位不断提升。为此，俄陆军及时更新军事训练考评内容，注重检验、评估营战术群的训练、战备等情况。

三、灵活选择考评重点

依据部队军事训练总体计划，俄陆军灵活选择军事训练考评重点，定期对考评重点适度做出调整。以 2015 年中部军区陆军冬训为例，在单兵和分队战斗训练期间及结束后，重点围绕军官的职业技能训练、集训及按战斗训练计划实施作业等方面对各级指挥员进行了严格的检查和考核，设定优秀、良好、合格、不合格四个考评等级。在进行射击及驾驶科目考评时，为每名军官配备先进的数字化信息传输系统，实时监督其完成训练的情况。同时，每周对单个军官的职业素养进行分析与评估，在考核结果方面严格限制优秀率。这样可以使军官客观认识自身存在的不足，在后续军事训练中进行针对性改进，无形中增强其危机感。

第五章　俄陆军军事训练保障

　　军事训练保障是俄军军事训练体系的重要组成要素，是完成军事训练任务、提高军事训练效益的重要条件和物质基础。军事训练保障要素多，涵盖人力、物力、财力及场地等方方面面，且这些要素随着信息技术的发展及作战手段的更新而不断变化。在平时的军事训练过程中，俄陆军着眼战争形态与作战样式的发展演变，秉承"满足部队训练需求、合理利用各种资源、以最小消耗取得最大效益"的理念，不断探索并形成了一套最能体现陆军训练特色、符合实战需求的军事训练保障体系。本章除了介绍俄军军事训练保障相关的技术、物资、经费保障外，还将介绍俄陆军三种保障措施，即以大型军事训练中心为主的场地保障，"实装、系统、模拟器材"相结合的装备保障，健全配套的军事训练法规保障。

第一节　军事训练保障的相关规定

　　俄军认为，军事训练保障是一套以技术和后勤为基础，旨在为军事训练的有效发展和运转创造和维持条件的措施。保障措施主要包括技术保障、物资保障和经费保障。

一、军事训练技术保障

依据俄联邦国防部的命令组织军事训练物资技术保障。该命令明确规定了用于部队军事训练弹药的年消耗率、武器装备资源的年消耗率、保障向部（分）队供应训练设备、向部（分）队提供实施训练设备技术培训的规范、指导军事训练技术保障的程序。俄联邦国防部、总参谋部及各军兵种总司令，共同制定关于规范武器装备机动资源年度消耗的命令。制定标准是为了充分满足军事人员、部（分）队、作战编组及其指挥机构顺利实施军事训练计划。

（一）军事训练技术保障的主要内容

技术保障主要包括分配相应的武器装备及所需的机动资源，分配所需数量的导弹、弹药、模拟设备和训练器材，为部（分）队研发和装备必要的训练辅助设备（模拟器）、技术训练辅助设备和靶场设备，确保课程（演习）、训练设施及靶场设备所涉及的武器装备的连续运行。

根据军事训练进程，按照部（分）队军事训练计划，分配训练、战备、演习、运输行动等所需数量的武器装备及机动资源，确保部（分）队、人员完成训练任务。俄陆军一般在部（分）队军事训练计划的附录中标注军事训练任务期间武器装备的分配和消耗情况。

（二）部（分）队军事训练的技术保障要求及权限

应根据不同类型参训单位和人员的具体情况，制定部（分）队军事训练的导弹、弹药、模拟装备和武器装备的机动资源年消耗率的依据。军事训练保障的要求：强化军事人员关于军事统计专业方面内容的训练；预先建立导弹、弹药、模拟设备和训练器材仓库，确保部队能顺利遂行所受领的任务。俄国防部、总参谋部、各军兵种总司令部、兵种（特种部队）总司令（主任）制定上述要求。比如，国防部导弹炮兵总局及相对应的军兵种部门，组织分配和保障部（分）队军事训练所需的导弹和弹药。此外，指定的合作商依据国防部命令和制定的供应标准，开发和生产必要的训练设备（模拟器）、靶场设备和技术训练辅助设备，列装部（分）队，并及时、充分地为部（分）队提供维护和维修服务。通过及时和高质量的日常和定期维护、正确的操作和维修，确保部（分）队不间断使用训练武器和军事装备、训练辅助设备和靶场设备。主管武器装备的部队副指挥员通过其下属部门直接管理训练武器和训练设备，靶场负责人具体管理靶场各类设施。

二、军事训练物资保障

军事训练物资保障是为满足部（分）队训练需求，全面、充分、及时地提供武器、装备、导弹、弹药、火箭燃料、油料、大规模杀伤性武器及其防护装备、粮食、服装、医疗、各种技术性能和其他方面的物资保障。军事训练物资保障是根据俄联邦国防部命令和规定的要求，按照条令和领导指示，在整个训练过程中申请、分配和有针对性地使用物资资源的过程。确定所有物资保障需求的依据是军事训练计划的措施、野外训练的次数和持续时间、参训部（分）队的组成、武器装备的数量和机动资源，保障部（分）队完成军事训练任务。物资保障主要包括燃料保障、食品保障、被装保障、医疗保障等。

（一）燃料保障

1.燃料保障的主要任务

为军事训练提供物资保障，其中燃料和润滑油服务的主要任务是：明确部（分）队需求，申请和创建燃料、设备和器材储备情况；及时补充缺乏的燃料储备；保障部（分）队关于加油设备的申请；增加配备制式装备编制和部（分）队（后方分区）保障人员的配置，为其提供备件和消耗性操作材料；接收和转移废油。

2.燃料保障的规定

每个部（分）队都有油料、机油、润滑油和特殊液体的消耗限制和供应计划。消耗限制是计划期间（年、季度、月）允许消耗的燃料量。油料、机油、润滑油和特殊液体根据国防部批准的特殊标准、既定的操作标准和生产需要，没有设定明确的消耗量限制。供应计划是指在计划期间（年、季度、月）内，从军区仓库（基地）、油库和其他军队单位装运和接收的，分配给军队的燃料量，在限额内消耗，并确保规定的储备水平。严禁部（分）队使用超过指定限制的燃料及超过上限的物资。禁止为故障且没有速度表的汽车加油。

在收到指定消耗限制和油料供应计划的通知后，部（分）队油料部门负责人根据军事训练和财政计划制订分配计划，限制每个季度的燃料消耗标准。经与部队参谋长协商同意后，部队主管后勤的副指挥员、燃料处负责人签署该计划，并由部队指挥员批准。季度燃料计划需求和消耗限额的分配，分别用于计划中战斗、演习、战斗训练和训练的车辆；辅助和运输车辆。对于训练车辆，在驾驶员执行训练计划规定的任务时提出相应要求。比如，白天和晚上在克服地面障碍物、越野时的车队，以及在训练驾驶期间的车辆，其基本油料消耗率最高可提高 25%。

通过计算确定燃料需求。该计算的依据是：按划分的类型、使用班组和车辆品牌等标准的相关可用性数据；部队使用装备的年度标准（机动资源消耗年度标准）；油料、机油、润滑油和特殊液体的消耗率；生产需要、技术需要、交通需要和其他需要。仅针对年底前现有的和参训车辆确定对燃料的需求。禁止向编外车辆申请和发放燃料。油料、机油、润滑油和特殊液体的数量是通过分析过去一年的消耗数据来确定的，同时考虑到计划年度的战斗训练和经济活动的前景。

（二）食品保障

1. 食品保障的主要任务

确定在部（分）队中建立食品、设备和器材规定库存的需求，及时补充其消耗，做好人员日常餐饮保障，及时将烤好的面包运送至部（分）队。

2. 食品保障的规定

确定部（分）队的食品需求，并根据人员数量和规定的标准进行发放。在任何环境下都会组织人员用餐。热食，原则上每天按部（分）队指挥员规定的时间发放三次。如果在军事训练中无法安排一日三餐热食，则每日发放两次；在训练间隔期间，所属人员从罐装和压缩产品中获得部分每日口粮。各级指挥员负责按时足额给所属人员提供伙食和饮水，组织提供膳食（烹饪、分发食物）和为所属人员提供饮用水，在组织军事训练的地点设置食物供给站和供暖站。

（三）被装保障

被装保障的主要任务：确定部（分）队被装库存，并申请新需求；为所属人员提供符合标准的衣物，并及时更换无法使用的被装和鞋子；补充消耗和损失的被装库存；为部（分）队提供洗浴和洗衣服务；修理和干洗衣物，为其完成作战和特殊训练任务创造条件。被装保障的规定是：根据所属人员数量、医疗部（分）队医院病床的可用性规定库存规模，确定是否需要制作被装、发放被装及其替换和备用资源。

（四）医疗保障

医疗保障的主要任务是确定部（分）队医疗器材和装备规定库存，并申请新需求。医疗保障的规定包括以下内容：根据现行标准，确定对特殊用途消耗性医疗设备的部（分）队的需求，统计规定库存数量。师一级通过其独立的医疗营（连）配备医疗设备，团一级（独立营）通过其医疗站（连）配备医疗设备。在营的医疗点（排），单位的医疗设备由卫生指导员接收并发放给所属人员。在没有卫生指导员的情况下，由单位的司务长接收和发放医疗设备。

三、军事训练经费保障

俄军军事训练的经费保障，是及时和充分准备好满足组织和开展部（分）队训练的资金需求的一系列措施。

1.经费保障措施

经费保障措施主要包括：财务规划和融资措施；接收拨款和规划拨款；财务会计的工作和日常统计；提交相关报告；分析分配资金的使用情况并控制其支出。

2.经费保障的来源及用途

俄联邦预算机构提供俄军部（分）队、机构和组织的需求资金。为确保预算资金的严谨性并有针对性地使用，必须列入预算的科目或者项目，其清单根据国防部的命令生效。根据国防部的规定，应严格按照上述预算清单资金发放使用，通过满足条件的财政当局，向部（分）队和训练基地提供和分配资金，用于建设训练设施、重建和大修演习场地。各项经费收支业务，均由财政津贴处按照《部队财政经济条例》执行。

3.经费保障管理权限及职责

根据俄国防部的预算规定，部队的经费保障由负责拨款的官员进行管理。这些人员包括国防部部长（拨款的主要负责人），各军兵种的总司令、空降部队司令、军区司令员（二级拨款负责人），部（分）队指挥员（三级拨款负责人）。这些人员根据国防部的规定，分别通过国防部军事预算和财政总局、俄罗斯联邦各分支机构的财政和财务部门管理武装力量军兵种（特种部队）、军区及部（分）队的经费拨款情况。军区司令员和部（分）队指挥员有关经费保障的职责，由《军区部队财政经济条例》规定。军事训练机构为部队提供军事训练经费，是国防部预算资金的重要组成部分，主要由俄联邦武装力量战斗训练总局负责。军事训练经费的合法、合理使用，以及直属部（分）队、机构和组织的财政经济状况，由相应的军事训练机构负责人负责。

军事训练机构负责人有义务确保实施以下工作：及时满足部（分）

队军事训练经费需求；系统、初步控制军事训练经费的支出，严格直属部（分）队、机构和组织的财务、现金和人员资费纪律；在规定的期限内，对直属部（分）队、机构和组织进行文件审计和检查，并检查国防部预算按计划支出经费的正确性；保存经费记录，并根据隶属关系及时提交既定报告。

第二节　以大型军事训练中心为主的场地保障

在未来战争中，战场态势更加瞬息万变，战场情况更加错综复杂，作战将面临更多危局、险局，如何抢抓稍纵即逝的有利战机是俄陆军军事训练非常关注的问题。因此，在平时的训练中，俄陆军尽可能选择与潜在作战地区相似的地形或地理条件，模拟真实的战场态势和氛围，摒弃"套路式"训练方法，利用假想敌部队模拟潜在对手的作战样式、方法、特点等，通过设置各种困难、复杂的作战环境和设定多种行动预案，使训练最大限度地贴近战场、贴近实战，高强度、高仿真地锤炼受训部队和单兵的对敌作战能力与应变能力。基于此，俄陆军把军事训练中心视为全面保障部队训练的重要场所。根据《俄联邦武装力量训练物质基础教令》的规定，军事训练中心主要用于保障军队的联合（跨军种）训练，如大规模演习、战役演习、战役-战术演习、战术演习、首长-司令部演习与战术专业演习等，以及示范性演习、考核性演习、研究和试验性演习及兵团、部（分）队在贴近实战条件下的合练等。

一、组建覆盖全军的军事训练中心体系

俄军是世界上最早依托训练基地实施训练的军队之一，目前已建立系统完善、功能齐全、种类多样的训练基地体系，陆军也拥有专用训练中心。自武装力量"新面貌"改革以来，根据普京总统关于"部队

演训应最大限度地与实际情况接轨，与现代战争接轨，与现代化武装斗争样式接轨"的指示，俄陆军把充分挖掘军事训练中心的保障功能作为提高军事训练效果的有效途径，注重依托军事训练中心持续提升部队演训实战化水平，不断探索符合现代军事行动特点的军事训练保障途径与方法。

一是按军事训练强度需求建设现代化的陆军军事训练中心。为满足提高部队军事训练质量与强度的要求，加快构建适应未来战争和武装冲突需求的新型军事训练体系，俄军不断推进军事训练中心的建设，力争建设配备新型信息化训练设施、世界一流的现代化军事训练中心。2011年，俄军借鉴世界主要国家军事训练中心建设和使用的经验，引进了德国莱茵公司的全套技术设备，对西部军区穆林诺戈罗霍维茨合成靶场进行全面升级改造，通过构建训练基础设施、3D虚拟现实练习器系统、服务性基础设施等将其升级为"世界上最先进和功能最强大的陆军军事训练中心"。这是俄军第一个现代化跨军种军事训练中心，也是陆军最大的军事训练中心。该中心配备模拟仿真和激光模拟训练系统、无线电遥控靶标系统、移动式卫星电视转播系统等现代化综合训练设施，可虚拟构建各种复杂战场环境，支持演练多种类型的战斗行动。自投入使用以来，该中心每年可保障9个旅的训练任务，还可保障实施带配属部（分）队参加的旅级战术演习。

二是按地域原则规划组建覆盖全军的跨军种军事训练中心。俄国防部部长绍伊古曾指出，在每个军区都要建设跨军种军事训练中心，要将所有训练中心连接到统一、虚拟的战斗空间。目前，跨军种军事训练中心现有的物资技术基地能够保障俄军实施大规模的跨军种训练，真正缩短了部队的合练时间，提高了部队集群的战备水平。俄军按地域原则，以戈罗霍维茨合成靶场为样板，按照统一标准，完成对阿舒卢克、楚戈尔、达里亚尔等靶场的改扩建任务。经升级改造后，这些靶场可为部队训练提供更好的模拟仿真环境，更高效地进行跨军兵种战役、战术训练的保障任务，同时还能满足集团军规模实兵对抗演练的需求，为俄军深入开展实战化训练、不断提高训练质量效益创造了良好条件。此外，俄军还在莫斯科附近的库宾卡建立了特战训练中心，在西伯利亚地区的叶尔佳吉建立了山地训练中心，在西北地区建立了北极部队训练中心，用于相关部队开展特种、专业训练。借鉴叙利亚战场经验，在驻塔吉克斯坦第 201 军事基地建成新型侦察训练中心，用于保障反恐特战训练和侦察人员的专业训练。基础演训基地化，不仅可提升部队的训练效能，还可大大降低训练成本。俄军测算，1 个旅的基地化训练燃料消耗可降低 30%，弹药消耗可降低 56%，其他消耗可降低 74%。

三是发挥军事训练中心的辐射功能，形成统一的训练中心体系。根据军事训练中心的发展规划，俄军形成了统一的训练中心体系。该体系覆盖总参谋部、总参军事学院、武装力量诸兵种合成军事学院、各军区及各军（兵）种所有的军事训练中心。中心训练体系的职能更加丰富，陆军可借助其模拟驻地附近大型跨军种部队集群内部队及其指挥机关的行动，深入分析其行动，提出修改条令性文件的科学建议，实时监督在统一战术环境及战斗行动模拟方案内受训者的状况，在虚拟空间内实施对抗性战术演习或与千里之外的各军区分队实施联合战术演习。通过各种基础硬件的建立，跨军种军事训练中心将充分发挥其资源优势，有效促进陆军战斗训练质量的提升。

二、加强军事训练中心的软件、硬件设施建设

近年来，根据军事训练中心阶段性发展规划，俄陆军不断致力于加强武器装备和基础设施等建设，有效提高了"作战＋训练中心"的保障效能。

一是依托现代化信息技术保障训练。在现代条件下，由于计算机技术的广泛运用，俄陆军部队军事训练的组织与实施方式发生了本质变化，单个人员、部（分）队的整体训练水平显著提升。训练器材的计算机软件可以在任何条件下、任何时间内模拟所有现实武器装备的技战术性能，使受训人员在虚拟空间内实时进行虚拟军事游戏。目前，军事训练中心运用的先进技术之一是虚拟环境技术，即将虚拟空间直

观化，将现有训练器材与军事技术装备的真实样品连接在统一虚拟的战场内，大大提高了模拟仿真程度。在军事训练过程中，受训者达成信息收集和战术总结的自动化，并及时传输给军事训练领导机关，其中包括传输到国防部态势控制中心。军事训练中心负责人借助信息技术可快速评价单个人员及部队集群，评价其在各自训练方向上按规定标准完成任务的实际效果。

二是配备各种远景的现代化系统保障训练。远景自动化模拟系统可以模拟各种武器和军事技术装备及人员行动的效果。如模拟运用坦克、步战车、装甲输送车等装甲设备的军事行动，模拟炮兵、地雷武器、陆军航空兵和战术航空兵、手榴弹、轻型和重型步兵和反坦克武器、自制爆破器材。目前，军事训练中心主要装备通信系统、机械控制或自动化（遥控）靶标装置、室内单个人员和集体练习器系统、激光射击与毁伤效果模拟系统、敌雷达和无线电干扰的物理模拟和电子模拟器材、弹道测试器材、计算机数据搜集处理系统与计算机管理系统等。此外，军事训练中心还使用军人战斗训练指标计算系统，该系统内配置的电子地图，可以获取单个人员在各个训练阶段的信息，并能够评价其训练指标及成绩。随着功能的不断扩展，该系统将成为监督单个人员训练状况的主要手段，可与其他现行自动化系统结合使用，具有兼容性。

三是利用现代化重型装备保障训练。为便于部队开展训练，大中型军事训练中心都编配训练用的成套重型武器装备，如战斗车辆、运输车辆、导弹武器系统等，受训部队只需携带轻型武器装备即可。军事训练中心的武器及军事技术装备要求与部队列装的装备保持一致。借助这些装备，军事训练中心可以明显提高受训者训练的强度和质量，客观评价指挥员、指挥机关及分队完成任务的程度。从士兵到指挥员必须严格按照现代化战斗组织及实施的具体要求使用装备进行训练。

四是配备现代化的基础设施保障训练。基础设施是军事训练中心的支撑，是提高部队训练质量的关键和重要保障。经过多年的改造与建设，俄陆军各训练中心基础设施基本能够保障进行各种演训活动。军事训练中心通常建有战役战术训练场、靶场、射击场、坦克和汽车教练场、直升机起降场、训练指挥所等设施，包括能进行旅级规模战术演习的实弹射击场，使用激光射击与毁伤模拟器和自动化仪表检查系统的战术对抗演习场。近年来，随着训练规模逐渐扩大，考虑到分队更多是在非己方编制内的训练场，而且是在各种自然环境下及陌生地域实施训练，军事训练中心配备了多种移动式训练综合设施。这些设施能够在任何地形条件下、在最短时间内展开作业。如移动式靶场设备可以在陌生地形内迅速展开并构设靶场环境。指挥员可以在近 8000 米范围内利用无线通信手段指挥控制靶场环境，自动接收每个靶子的射击数据，并客观评价受训者完成训练的情况。

五是加强军事训练中心运输保障条件建设。俄军已经把铁路修建至军事训练中心内部，目的在于：一是快速投送兵力兵器及各种物资，缩短部队战备反应时间；二是减少各种战车等装备的运输次数，有效提高安全系数；三是在军事训练中心装载运输，增加了部队行动的隐蔽性。2015 年 6 月 19 日，俄罗斯国防部部长绍伊古在武装力量相关领导人电视会议上指出："必须大力发展武装力量的运输保障，并且不应忘记铁路输送这种有效方式。"目前，在中部军区的阿巴卡诺成立了第五独立铁道兵旅，负责军事小镇建设工作。专门的铁道兵旅负责军队范围内的铁路建设，能最大限度地保证铁路运输的隐蔽性和安全性。此种铁路还有一种重要职能，即在紧急情况下帮助疏散地方平民，达到平战结合的目的。

三、发挥军事训练中心的综合保障职能

依托军事训练中心训练是推动部队军事训练向更高层次发展和加强部队战斗力建设的有效手段。俄陆军始终以提升部队训练效益和提高部队作战能力为出发点和落脚点，不断拓展军事训练中心的组训职能。

一是依托军事训练中心合理设置训练环境。军事训练中心是部队开

展军事训练的重要物资技术基地，组训者通常根据不同战略方向上陆军部队担负的使命任务、驻地特点及武器装备状况等设置具体的训练环境，并注重在各种演训活动中随机增加训练难度，即运用各种技术手段和模拟训练器材创设更加复杂的训练环境，锤炼部队在贴近实战环境下的作战能力和应急反应能力。

二是发挥军事训练中心训练考评功能。随着新一轮军事改革的深入推进，俄军训练考评系统也相应作出一定调整。每个军事训练中心均组建了专门的受训部队考核与评估小组，其主要职责是全程跟踪各种演训活动，采集分析相关数据，及时总结演训经验教训。此外，每个军事训练中心都配备了信息化含量较高的训练考评系统，该系统分为固定式和移动式两大类，可以全程、全方位监督部队训练状况。演训活动结束后，考评小组及时进行总结讲评。俄陆军要求考评小组必须以高度负责的态度精心准备和进行演训讲评。讲评的基本原则是严厉批评被动消极、千篇一律、毫无创新的决策与行动，表扬创造性、主动性和独立精神，强调不可轻易否定指挥员的某一决心或行动，而应有理有据地分析其利弊得失，做到既严格、严肃，又公正、公平。通过这种方式，可以非常直观地考评单个人员、部（分）队的训练情况，可以在最短时间内有效提升部队训练水平、质量和效果。

三是及时调整训练大纲。俄陆军部（分）队在军事训练中心实施演训过程中，演训考核与评估小组成员和部（分）队组训相关人员根据考核和评估统计结果，详细分析研究部（分）队演习与训练中存在的主要问题，及时找到训练理论与训练实践之间的差距，并定期向上级提出调整军事训练大纲内容的建议，制定符合实际训练情况和作战要求的措施。

四、规范军事训练中心的使用程序

目前，俄军各军事训练中心基本处于"全年无休"的状态，保障任务非常繁重，不仅用于保障旅以下各级部队实弹战术演习及营级规模的模拟对抗演练需求，还为兵团、军团及联合战略司令部在统一的环境中实施训练提供保障，使其具备未来在任何地区遂行作战任务的能力，同时促进指挥机关发现并解决训练过程中存在的问题，检查、评估受训者的训练达标程度。因此，为科学分配各部（分）队的训练时间，避免训练时间交叉，军事训练中心明确规定了使用程序。目前，使用程序主要分为四个阶段。第一阶段是进入军事训练中心前的工作。部（分）队进入军事训练中心的准备工作要求不迟于出发前一周开始，内容包括逐级拟定和报批组织计划文书，预分训练设施和装备。第二阶段是部（分）队进入军事训练中心后的单项训练工作。赴军事训练中心训练通常由旅长带队。为演练协同动作，通常会有1个摩步营和1个坦克营（连）及相应的兵种和专业分队一起进驻军事训练中心。各分队先在规定的训练点进行单项训练。不含演习的靶场训练，持续时间通常为1～2周。第三阶段是部（分）队进入军事训练中心后的演习和实弹射击训练。在准备演习或战斗射击时，以兵团及部队指挥员的名义拟制并向军事训练中心主任提交保障申请，并附所需物资器材报表、靶场（基地）作业地图等文书。具体的保障天数分别为：单人单车射击和班排战斗射击3昼夜；连战术演习5昼夜；营战术演习7昼夜；旅战术演习15昼夜。为提高军事训练中心的利用率，俄军实行灵活的训练制度，设置若干个开训时间点供部队选择。第四阶段是军事训练结束后的撤收工作。各受训部（分）队及时恢复训练设施及场地，移交所接收的训练设施及物资器材。

第三节 "实装、系统、模拟器材"相结合的装备保障

俄陆军认为，在训练中广泛使用实装、系统、模拟器材是提升军事训练效益、提高部队战斗力的重要手段。特别是在信息成为战斗力生成的核心要素的大背景下，在平时的军事训练过程中，俄陆军注重将

战斗力的两大重要组成要素（人员和装备）相结合，经过训练后，达到军队高层期待的战斗力标准。特别是自武装力量"新面貌"改革以来，随着《2007—2015年国家武器装备发展纲要》的有序落实，俄陆军注重同步推进新型武器的研发列装和现有装备的升级改造，不断提高武器装备的现代化程度，把务实、通用、信息化、智能化、一体化等标准作为研发及列装的重点，有效保障陆军军事训练。

一、围绕提高实战能力强化实装保障

俄陆军注重运用各类主战装备和通用武器进行实装训练，以提高受训者对武器装备的实际操控能力。俄陆军注重打造平台化、模块化、通用化的武器装备平台，依据战场需求，及时调整、配备不同的战斗模块。

（一）逐步加大常规武器装备的更新力度

俄陆军认为，无论是在过去、现在还是未来的局部战争及武装冲突中，各军兵种部队的武器装备都要求做到训练与作战的高度统一，武器装备要既能用于平时的军事训练，又能用于真实的作战行动。因此，俄军基于军事训练实际，注重科学论证武器装备的使用比例，并在平时的军事训练中，最大限度地保持武器装备的良好运转状态。

近年来，面对巨大的世界军事竞争压力，俄军全面推进武器装备的现代化建设进程。2013年，随着战争准备基点逐步由打赢大规模战争调整为打赢核遏制条件下的高技术局部战争和武装冲突，俄军开始列装新型常规武器及保障装备，使全军装备建设信息化水平显著提升。陆军列装了150余辆T-72B3主战坦克，完成了"阿玛塔"新一代数字化坦克第一阶段的研发任务，配备了"前哨""海雕""副翼"等国产无人侦察机及第六代数字化无线电通信系统，为特种作战部队配备移动式便携终端，依托"统一信息空间"，俄军的战场感知能力进一步增强。2015年，陆军武器装备的保障程度达到95%（超过280万套），其中35%是现代化武器。2016年，陆军共接收2930套新式或改装的武器装备，其中，2个导弹旅换装"伊斯坎德尔-M"战役战术导弹综合系统和"龙卷风-S"多管火箭炮系统，逐步代替旧的"圆点"和"圆点-U"导弹系统；2个防空旅换装"山毛榉-M2"防空导弹系统；1个特种旅、12个摩步营和坦克营换装新式坦克和步战车；3个炮兵师换装新式火炮系统，装备现代化水平提升至42%。2019年，俄军全年投入1.44万亿卢布（约合214亿美元）用于发展装备，其中约71%用于采购新式武器装备。在陆军装备方面，2个导弹旅换装"伊斯坎德尔-M"战役战术导弹综合系统。至此，12个导弹旅全部换装完毕。防空兵列装S-300V4、"山毛榉-M3"和"道尔-M2"防空导弹系统；"库尔干人"步战车、"回旋镖"装甲运输车等新型模块化作战平台开始部队试验。全年陆军兵团和部队共列装2500余件新型武器装备，装备现代化水平达到51.6%。2020年，根据俄罗斯《2018—2027年国家军备计划》，俄陆军共列装3500余件新型和改进型装备，包括T-72B3M和T-80BVM坦克、BMP-3步兵战车、采用"矮景物"战斗舱的BMP-2改进型步兵战车、"山毛榉-M3"现代化防空导弹系统、"旋风-S"和"旋风-G"多管火箭炮、"姆斯塔河-SM"自行火炮等装备，现代化武器装备的占比达到70%。

（二）不断加速配备现代化无人作战装备

机器人化、无人化是世界主要军事强国武器装备发展的优先方向。俄军认为，对于任何一个国家来说，无论是过去还是未来，陆军都是武装力量的重要军种，必须不断拓展其职能使命。当前，俄陆军面临两大相互矛盾的问题：一方面，在现代军事行动中其所担负的战斗任务规模、范围明显扩大；另一方面，陆军总体员额却在不断压缩。为缓解上述现实矛盾，俄陆军不断加快列装无人化作战装备等新型武器，确保在作战部队人员数量减少的同时战斗力不降反升。

一是从制度上保障无人化作战装备的优先研发。近年来，为适应未来战争"无人化"特点，增强陆军部队的非对称、非接触作战能力，抢占军事技术制高点，俄陆军大力推动无人化作战能力建设，积极装备各式机器人系统。2000 年，俄罗斯通过了俄联邦武装力量《武器及军事技术装备机器人化 –2015》综合纲要。在机器人技术方面，2014年 5 月，俄罗斯国防部建立军用机器人实验室并投入使用。2015 年，陆军主战装备中机器人技术含量提升至 30%。在无人坦克方面，俄陆军研制生产出数字化无人坦克量产型样品（可通过平板电脑或手机进行远程操控）。同时，俄陆军注重通过部队日常训练来检验、评估无人兵器及装备的实战能力。此外，俄陆军还通过全军战役集训、院校专业培训等形式对机器人、无人坦克战法进行专项研究。目前，俄军无人作战力量运用正由以侦察、通信保障为主，逐步向功能多样、察打一体、攻防兼备转变，提升其远程战略打击能力、中低空目标拦截能力、隐身突防能力成为该领域建设的重点。

二是装备炮兵侦察机器人设备。提高炮兵的远程火力打击能力，是当前俄陆军炮兵建设追求的主要目标。近期几场局部战争及武装冲突实践表明，炮兵在战斗中完成了近 70% 的火力任务。为达成这个目标，陆军须在摩步营分队内装备成套火力保障系统，保证对敌作战全纵深实施有效火力影响，快速部署己方部队战斗队形内的炮兵，集中密集火力打击敌战斗队形的前沿和纵深。目前，俄陆军加紧研发空中及地面炮兵侦察机器人设备。这些设备借助地形联测及计量保障能够确定目标坐标，可以将目标坐标判断的误差减少一半，在 10 千米射程内弹药消耗平均减少 20%。陆军机器人设备发展的重点非常清晰。2016 年，俄炮兵旅、团装备新型"海雕 –10"无人侦察仪。该系统能够链接多个无人驾驶飞行器、信息分析和处理站及自动化指挥系统，可及时发现敌人指挥所、通信站、齐射系统，有效应对敌人对己方炮兵配置的精确定位。该装备的列装使用，使俄陆军在战场上获得更强的火力优势，大大提高了俄陆军的战斗力。

三是装备无人驾驶飞行器。自 2013 年起，俄陆军开始在师、旅级部队组建无人驾驶飞行器连，装备不同用途、不同航程的飞行器，以增强陆军侦察、判断、打击、评估等方面的能力。目前，所有的陆军战术兵团基本编配了无人机分队。以中部军区为例，2016 年底，该军区部队装备了 30 套带新型"副翼"无人驾驶飞行器的空中侦察及观察综合设施。"副翼"的隐身功能使其不易被敌方进行光、声、无线电定位，能够在 3 千米高空中作业，飞行速度为 130 千米 / 小时。"副翼"还装备了"格洛纳斯"全球卫星导航系统，并配置混合式照相和摄像仪、电视、干扰设置及其他设施，极大地提高了观察及侦察效果。2019 年，西部军区组建了首个"前哨 –R"无人机分队，无人机分队数量由 2018 年的 38 支增至 55 支，列装总量达 2300 余架。

四是装备陆上机器人。2016 年，俄陆军创新活动的首要任务是建立军用机器人综合设施，继续探索研究新思想和新思路，最大限度降低人员损伤的概率。俄陆军已使用了陆地机器人综合配套设施，及时、高效监督、观察及侦察目标。在工程兵部队，现代化的排雷机器人得到了实验性使用，在车臣及其他军事行动中完成了排雷任务。俄国防部已经启动研制自动化侦察及排雷工程设施的工作。此款工兵机器人可独立遂行排雷任务，将工兵侦察的速度提高 1 倍，同时还可以将侦察到的数据实时传输到各类坦克及战车数字化平台。此外，俄军还部署了经叙利亚战场实战检验的"终结者""天王星"系列作战及支援保障机器人。

（三）采用通用设备建设标准，打造多功能于一体的陆上作战平台

自武装力量"新面貌"改革以来，俄陆军加强了新式装备研发及配备的力度。当前，俄陆军为轻型、中型、重型三种类型作战旅分别配备最现代化、远景的"台风"装甲车平台、"飞镖"及"库尔干人"步战车平台、"阿玛塔"主战坦克及"T–72B3"坦克平台。

在现代条件下，未来作战目标多元化趋势明显，作战环境复杂多变。因此，俄陆军注重采用通用的设备建设标准，研发新型装甲战车等各类装备，打造集多功能于一体的陆上作战平台，提高作战效能。在 2016 年 9 月 6 日至 11 日举行的"军队–2016"国际军事技术论坛上，

主办方专门讨论了陆军最新装甲战车使用前景问题。当前，装备现代化装甲设备和军事技术装备是提高陆军战斗力的基本要求，同时必须保证能够有效指挥装备，保证在任何天候及时间条件下，在有限战术集群编成内具备独立行动的能力；能够保障战役-战术机动性。针对上述情况，陆军武器及军事技术装备内指挥系统及杀伤系统必须实现一体化，能够自动指挥各种杀伤器材，保证对单个装备及分队实施远程指挥，能在统一武器系统框架内实现车辆底盘通用化，且能够装备各类技术软件及自动化工作台。技术软件应保证对分队、装甲武器装备样品、配属及支援的武器及特种技术装备、单个人员能实施自动化指挥，同时在接近实时状态下，该系统能够在自动化指挥系统编成内完成信息收集等各种任务。

为提高步兵的战斗力，俄陆军重点研发并装备 T-14 "阿玛塔" 坦克。该型坦克为俄陆军重点打造的多用途、重型装甲平台之一，号称世界上第一款 4 代坦克，是目前俄军的当家 "花旦" 之一。其在 2009 年开始规划设计，2012 年批准生产立项，2015 年在莫斯科红场阅兵中首次亮相，2016 年完成作战试验。该型坦克作战性能先进，具有许多优势。如在总体设计上将防护性和机组人员生存力放在第一位，采用外形为多棱面隐身结构的无人炮塔，3 名机组人员均位于车体内实现集中防护，安全系数高；具备在野战条件下、全天候、各种复杂气候条件下实施作战的能力；具备网络连接能力，可参加网络中心战；其机组人员能自动跟踪、识别、选择、确定目标，实时在线观察整个战役 - 战术环境，并与指挥所、陆军其他分队在统一的自动化指挥系统中协同行动；借助远景通信及 "格洛纳斯" 全球卫星导航系统随时定位；机动速度较高，战场生存能力强。同时该型坦克最典型的特点是其发射装备的性能，可用 125 毫米口径火炮发射任何类型的弹药和炮弹。当期，俄陆军以 "阿玛塔" 坦克为基础，逐步推进系列重型装甲平台建设，"阿玛塔" 坦克将逐步替换陆军现役的 T-72 和 T-90 主战坦克，和 T-15 步战车一道成为作战旅的骨干装备，在陆上作战行动中将发挥至关重要的作用。

俄陆军还注重研发其他实用性强的主战装备，如 "库尔干人-25" 步战车（履带式平台）、"飞镖" 装甲车（轮式平台）及 "台风" 等多用途底盘装甲平台。同时，俄陆军还将依托这些平台研发其他类型车辆，如系列重型、轻型步战车及装甲修理后送车等保障车辆。"虎式"装甲车也是俄陆军研发的重点，俄陆军将继续开发"虎式"装甲车的性能，使其在弹道稳定性、机动性、火力效能及防雷等方面更加现代化，实现更新换代，尽早建造出"虎式-2"型装甲车。目前，俄陆军为"T-90"等类型的坦克装备了"电子大脑"，即目标自动跟踪装置及计算仪。目标自动跟踪装置可独立跟踪敌目标，计算仪自动分析目标各种参数，计算最优射击参数，可在几乎"零能见度"条件下，实现发射并百分之百消灭敌人的战车。使用该装置，可将战场上武器的作战效能提高数倍。

二、加强自动化指挥系统保障

俄陆军把各种系统，特别是自动化指挥系统看作提高陆军军事训练质量的关键因素。新的军事行动样式要求必须进一步完善战略、战役及战术层次部队的指挥系统，但俄军当前的自动化指挥系统存在诸多问题。2008年的俄格冲突充分暴露了俄陆军在自动化指挥系统方面存在的问题，只有不到20%的部队处于战斗准备状态。在模拟作战行动过程中，武装力量诸军兵种自动化指挥系统之间缺乏"相互交流"的统一标准代码，不得不"各自为战"。如海军使用"海洋"自动化指挥系统，陆军使用"金合欢"自动化指挥系统，战略火箭兵部队使用"信号"自动化指挥系统，这些系统之间互不兼容，导致各种信息不能被充分有效利用，对各军兵种部队集群做出决策产生很大影响。为此，实现指挥过程自动化及智能化问题对俄陆军来说变得更加迫切。

（一）在"开放"视角下，构建基于"网络"互联互通的自动化指挥系统

为适应现代局部战争及武装冲突的需求，俄陆军在指挥体系及武器和军事技术装备等方面进行根本性改革。目前，基本建立了适应未来

信息化条件下局部战争需求的自动化指挥系统。现代化的自动化指挥系统有效提升了部队的战斗力，提高了实战化训练的保障效能。俄陆军在自动化指挥系统保障方面遵循的主要原则是系统开放，可接入各种新的子系统、单元、综合设施及信道；系统适应整个指挥体系的变化；采用统一的技术软件。

第一，基于联合作战和联合训练构建军队自动化指挥系统。俄时任军事科学院院长加列耶夫大将曾指出："在任何形式的军事指挥过程中，指挥系统功能的发挥主要取决于如何有效连接地方及军队军事指挥系统的诸多要素，使其充分发挥指挥职能。最重要的是这些要素之间不是形成竞争，而是要相互补充。"俄诸军兵种部队原有情报保障大多自成体系，通信线路数字化基础薄弱，数据交换需通过专用系统转制完成，且传输效率低，严重制约了联合训练水平的提升。2010年3月，时任总参谋长马卡罗夫指出：在21世纪的战争中，在广泛使用具有快速处理能力的侦察、通信、自动化指挥系统及电子战系统的基础上，信息交换被赋予越来越大的作用，取得对敌信息优势将成为顺利实施军事行动的主要条件之一。为彻底解决部队联合作战和联合训练情报保障问题，包括陆军在内的诸军兵种按信息化条件下联合作战要求建立部队自动化指挥系统。同年7月，马卡罗夫再次表示，国防部计划采用"网络中心战"的部队指挥原则，为部队装备新式通信及指挥系统。这些通信手段将集合成统一的信息交换平台。为逐步向"网络中心战"部队指挥原则过渡，俄陆军不断更新通信手段。同年12月，俄联邦政府出台了《2011—2020年国家武器发展纲要》，部队指挥平台建设被列为三大重点方向之一。

第二，稳步推进自动化指挥系统的互联互通。俄军自动化指挥系统的建设，摒弃了过去按照军兵种及部门建设"各自为战"的原则，而是根据各部队的职能、所承担的具体作战任务构建跨军兵种、跨部门的功能性自动化指挥系统。在任务部队和任务区域建设战略级、战役级、战术级自动化指挥系统。通过第一阶段的军事改革，在全军范围内已经建立了联合作战指挥体制，而后重点建设联合自动化指挥平台及统一的信息空间，实现战略、战役、战术三级自动化指挥系统的互联互通。俄军战略级自动化指挥系统由战略预警系统、指挥控制中心和通信系统组成，其主要任务是确保国家和军队高层对军队实施连续指挥。战役级自动化指挥系统负责战役司令部与总参谋部和作战旅的上下联通，可链接卫星、无人机、部队侦察与技术侦察等手段获得战场情报，并通过互联互通的远程通信平台绘制战场总体态势图，为指挥员实时提供决策信息。战术级自动化指挥系统是信息化建设的关键和提升部队作战能力的核心要素。近年来，按照《2025年前俄联邦武装力量信息指挥系统发展构想》，俄罗斯国防部重点推进了战术级自动化指挥系统的研制与应用。该系统通用于新型旅级作战部队，负责旅与战役司令部、营之间的上下联通，其"全部软硬件设备均配置在移动指挥车、指挥参谋车和其他机动车辆上，分队和士兵单兵设备由人员随身携带，其各种作战和保障单元可在动态、移动的战场上通过战术互联网实现互联互通，将作战指挥、战场侦察、火力打击、对空防御、综合保障等功能融为一体"。该系统于2012年开始陆续装备部队，与战役级、战略级自动化指挥系统实现了有效的互联互通。

随着武装力量"新面貌"改革进程的不断深化，俄陆军按照"网络中心指挥"原则的要求基本配备了"曙光"战略级指挥系统。经在多次演训活动中使用检验后，俄军基于该系统研发了"星座-M"战术级自动化指挥系统，进一步增强了情报侦察能力。陆军各部队通过列装通用指挥车，有效解决了陆军与其他军兵种指挥系统兼容等问题。目前，俄陆军已建成覆盖陆军战役及战术各层级、与其他军兵种互联互通，集情报、侦察、指挥控制、精确打击于一体的自动化指挥系统。俄军2016年度军事训练重点的其中一条是建立"连接"司令部和指挥机关的通信系统，这是一套有效连接各级指挥机构、能够实时保障指挥效能的各级自动化指挥系统。指挥系统的一个重要组成部分是国家防务指挥中心。同时，由于"格洛纳斯"全球卫星导航系统已经完成组网，俄陆军不断加快该系统在本军种范围内的推广运用，探索加强其在实际作战行动中的使用效能。陆军基本实现了将"格洛纳斯"系统融入"星座"一体化战术指挥系统，通过对所属兵力兵器的定位来实现精确化指挥，使指挥周期缩短了60%以上。

第三，借助各种平台装备最新的指挥系统。当前，依据部队战术运用的特点，俄陆军在各兵团配备了统一的战术级指挥系统，即先进的移动式指挥所。借助基于BTR-80装甲输送车的一体化自动指挥控制工作平台，指挥员可以顺利完成战斗指挥信号的形成、下达，收集、处理各类信息，分析双方分队的战役-战术环境及战斗编成变化等情况。车载自动工作平台的电子计算机能处置各种关于战斗行动的信息，并实时在兵团指挥员的显示屏上显示关于战术环境及所定决策的客观评价，指挥员实现实时指挥陆军诸兵种合成部队分队。同时，由于"阿玛塔""库尔干人"及"飞镖"各种战车未来将配备"仙女座-D"自动化指挥系统，并与空降部队的"仙女座-D"形成一体化，基于此，空降兵不仅能实时为各种坦克、步战车及装甲运输车机组下达命令，同时也可以获得关于坦克及战车技术状态的所有信息，如行进速度及方向、弹药及油料储备状态等。这样，大大增强了空降兵与陆军部队实施联合行动的效果，空降兵可在线指挥"阿玛塔"等坦克及战车。2015年前，俄陆军已装备了新式现代化的通信及指挥系统。2020年前后，俄陆军已在军队范围内建成统一的自动化数字通信系统、各级指挥机关的野战数字通信系统及专用通信网络。同时，大力发展信息保障系统，以满足陆军部队在侦察、指挥、通信、导航等方面的需求。目前，俄陆军注重根据战略方向的重要性，装备现代化的通信设备。如2016年，西部军区陆军各旅装备了新一代现代化的野战通信设备，即移动式数字化无线电中继通信站（P-419Л1）及对流层通信站(P-423 A M)。通信兵把这些设备接入部队战术级自动化指挥系统，展开野战移动指挥所及通信枢纽。借助这些通信设备，切实提高了通信的传输能力和通信频道的质量，有效提升了各级指挥员指挥部队的效率。在平时的训练过程中，系统操作者非常注重与用户之间的信息交换，信息交换的稳定性能够保障在各种复杂的自然及气候条件下，在各种战斗行动中对部队实施连续、稳定、可靠的指挥。部队训练实践表明，由于使用了新一代计算机指挥系统及通信设备，通信兵从准备到完成通信任务的时间缩短为原来的三分之一，通信距离提高了1倍。

第四，注重远景一体化指挥系统的研发。多军兵种联合军事行动是未来的基本作战样式，而通信系统是未来联合军事行动中自动化指挥系统的重要组成部分。俄陆军认为，诸军兵种之间互联互通的通信系统对部队指挥能起到非常重要的作用。未来，武装力量远景通信系统将是联合自动化数字通信系统，包括太空、空中、地面（野战、固定）及海上通信系统。这种现代化的通信系统可以保证信息传输的稳定性、可达性及防御性，能够为各军兵种部队指挥机关提供稳定指挥创造有利条件。陆军的通信系统将成为该自动化系统中不可或缺的组成部分，为提高陆军指挥机关指挥能力奠定更加坚实的基础。目前，俄陆军已经建立与武装力量其他军兵种连接为一体的自动化指挥系统。新的、各层次的自动化指挥系统可以实时自动形成真实环境态势，在及时分析实时更新的数据基础上，能在短时间（几小时、几分钟）内为指挥员提供几个可行性强的部队行动方案及火力杀伤方案。由于系统的智能化特点，指挥循环周期将大幅度缩减，指挥员信息获取的程度将提高，部队的战斗潜力也将得到较大提升。

（二）配备"未来战士"单兵战斗系统

俄军事理论家苏沃洛夫有这样一个观念："战场上一切都要靠自己，战场上应轻装上阵。"在现代化条件下实施战斗行动，作战设备通常由单个人员随身携带。为提高单个人员的战斗力，同时将人员的伤亡概率降到最低，俄陆军着重研发"未来战士"单兵战斗系统。该战斗装备编成包括10个分支系统和59个组成部分，如杀伤、防御、指挥、目标指示、信息处理和信息识别、生存和能源系统及通信装置等。在整个装置中，实现了指挥综合设施的一体化，可以把单个人员所处位置的信息传达到指挥所，借助"格洛纳斯"全球卫星导航系统判定单个人员的坐标方位，并在战术层次上组织稳定的指挥。目前，俄罗斯已经统筹了几十个国防企业，开展第二代"未来战士"战斗装备的建造计划。第二代"未来战士"单兵战斗系统的防御能力将有所提高，具有护膝、战刀、多功能刀、热成像侦察仪等组成部分，质量从 35 千克减少到 24 千克，防护装甲可以抵抗口径为 7.26 毫米子弹 10 米外的射击。俄陆军把"未来战士"单兵战斗系统直接连入部队整体指挥系统，使其成为陆军统一训练体系中的重要组成部分，且其功能多样，可用于编队、单个人员或特种部队。2014 年，俄陆军完成了"未来战士"单兵战斗系统的国家试验工作。同年，就有 8 万名左右的军人配备了该装备。目前，俄陆军已经装备了更加现代化的"未来战士"单兵战斗系统，可以保证单个人员具有更强的机动性，并能有效控制战场局势，及时传输敌人的坐标及视频、图像等信息。同时，"未来战士"单兵战斗系统大大提高了陆军单个人员的自我防护、侦察及通信能力，可以将分队完成战斗任务的有效性提高到 1.5 ~ 2 倍。

（三）基于作战平台配备辅助系统，提高生存、机动、作战能力

俄陆军认为，指挥系统指挥控制职能的有效发挥有赖于各类辅助系统的高效运行。目前，"阿玛塔"坦克及极地摩步旅 BTR-82A 装甲运输车已经装备了独立的气候监察自动化系统，可以在零下 60 摄氏度连续几昼夜保持车辆隔舱内的标准温度，为乘组人员在北极地区极端气候条件下提供舒适的作战环境，同时还可以保证电子瞄准仪、雷达及其他复杂装置稳定运行。"库尔干人""飞镖""台风-K""台风-Y"等装甲作战平台也陆续装备了该系统。同时，俄陆军还为"阿玛塔""库尔干人"及"飞镖"等作战平台研建能够在战场上独立决策的系统。该系统可以使士兵、军官避开火力线，能够远程操纵装备，极大缩减战斗损伤的比重。俄陆军还从装备研发及配备、部队实际需求、战斗

装备的使用形式及方法等客观实际出发，着重解决各种技术难点等问题。这些新式装备的列装使用，大大提高了陆军部队的机动能力和作战能力，最关键的是提高了陆军自身的生存能力。在这些主战装备上还配备了可记录装备发生火灾等意外情况的"黑匣子"，为分析装备存在的问题提供客观数据。

在未来复杂的地面战场上，敌我双方的识别越来越困难。因此，俄陆军注重为单个人员配备目标识别设备及精确制导武器，力争使己方损失最小化，提高单个人员在复杂、极端环境下的生存能力和作战能力。

三、遵循"通用、同步"理念，研发配备模拟训练器材

模拟训练器材是部队开展军事训练的重要辅助手段，是在非实装条件下提高训练质效的有力抓手，是军队现代化建设的重要组成部分。借助各种模拟训练器材施训能在很大程度上提高训练质量、节约训练资源、缩短训练周期、确保训练安全和加快装备战斗力生成进程。为此，俄陆军积极转变军事训练保障思路，遵循"通用、同步"理念，采用自主研发和国外采购相结合的方式，形成了较完善的训练器材保障体系。

一方面，加大标准化、通用化模拟训练器材的研发力度。随着现代信息技术广泛应用于军事领域，新式武器装备层出不穷，模拟训练器材也随之涌现。目前，俄陆军装备的模拟训练器材种类多、功能杂、型号各异、通用性差，并且很多训练器材已严重老化，使训练资源难以整合、训练效果不能令人满意。为此，俄陆军多措并举，统一规范模拟训练器材的研制开发，积极推动模拟训练器材的标准化、通用化和模块化建设。2010年4月，俄国防部与军工企业召开专题性会议，重点讨论2020年前俄军模拟训练器材的研发问题，将"标准化""通用化"列为训练器材研发的重要标准。如俄军列装的"营长"模拟系统，不仅适用于摩步（分）队，还适用于空降兵部（分）队、海军部（分）队、

内卫部队及边防部队的模拟训练。同时，俄军还注重研发跨军种模拟训练器材，这些器材多配备数字化软件控制系统，可模拟各种复杂气象、地形条件下舰船、坦克和直升机等的训练场景，能最大限度地营造贴近实战的训练环境，具有态势高度逼真和场景快速转化等优点。

另一方面，保持模拟训练器材与新装备的同步配发。在新式武器装备形成战斗力的过程中，模拟训练是一个非常重要的环节。俄陆军要求，在为部队列装新式武器装备时，必须同步或紧随其后配备配套的模拟训练器材。如果模拟训练器材配发不及时，不仅会使新装备的磨损度加大、使用寿命减少，而且会制约部队军事训练质量的提升。因此，俄陆军非常注重新装备与配套模拟训练器材的同步研发，力争最大限度地保持各类新装备与模拟训练器材的实时、同步列装，缩短新装备的战斗力生成周期。近年来，俄军加快了模拟训练器材的研发与配备步伐，为陆军列装了"真实战场"模拟训练系统、激光射击与毁伤模拟训练系统等，为部队开展信息化条件下的模拟训练奠定了坚实的基础。

四、及时调整武器装备研发重点

俄陆军注重针对形势的变化及时调整武器装备研发的重点，明确具体研究任务及研究方向。

一是客观分析反导防御系统的现状。当前，美国在欧洲和亚太地区部署反导防御系统，破坏了全球的稳定，打破了核领域内业已形成的兵力兵器之间的平衡；研发和部署能承担核力量的大部分战斗任务的战略非核武器，其中包括高精确武器和高超音速武器；制造大规模杀伤性武器的技术、设备，肆意扩散。2019年8月2日，美国退出《中导条约》，该事件使国际局势更加紧张，提升了发生潜在冲突的危险性。该事件充分证明，美国从未停止围绕《中导条约》建造陆基导弹综合系统的工作，公开表明其在欧洲对抗俄罗斯的过程中尽快部署陆基中程导弹的优势和必要性。

二是明确陆军武器装备发展的任务。从长远来看，俄陆军导弹系统将是战略非核遏制的基础。为稳定军事政治形势，防止针对俄罗斯的可能侵略，缓解和制止军事冲突（消除军事侵略），达成制止（防止）非核威胁的目的，陆军必须使用战略非核威慑武器来防止非核威胁。为顺利实施战略非核威慑，俄陆军关注两项最重要任务：第一，更新武器和军事技术装备，达成与潜在敌人的战略平衡；第二，参与研发和制造远程火力杀伤武器。在有效性方面，其选择性运用可以与使用超小型或低功率核武器相提并论。

三是阐明陆军装备战略非核威慑武器的重要意义。为陆军装备强大的战略非核威慑武器，可以使陆军更加灵活地应对威胁，并在必要时有效捍卫俄罗斯的国家利益，而不冒着引发核灾难的风险。在军事行动中使用这些武器装备，可以降低（弥补、平衡）潜在敌人在各独立方向上的优势，而无须跨过使用战略核力量的门槛。为真正实现战略非核威慑的目标，陆军已经拥有必要的兵力兵器，其中包括装备"伊斯坎德尔-M"战役-战术导弹系统的兵团。该系统既可以作为弹道导弹，也可以作为巡航导弹使用。该系统可以保证高度灵活、隐蔽地对敌施加影响，同时降低自身的脆弱性。此外，依据俄罗斯总统命令，国防工业综合体已经开始"口径"巡航导弹着陆试验及陆基中程高超音速导弹制造工作，这一措施是对美国退出《中导条约》的对等回应。

第四节　健全配套的军事训练法规保障

军事训练法规是军事训练中建立的各种规章制度的总称，是直接规范训练任务、训练准备、训练实施、训练考核、训练保障的权威性文件，是确保训练有序实施的重要依据，是提升军事训练质量与达成军事训练目的的重要保障。俄陆军注重根据各种权威性文件来规范部队军事训练的组织实施、检查考核、服务保障等方面的内容。

一、及时出台配套的军事训练法规

为顺应现代条件下军事行动性质、特点及样式的变化，俄军先后修订并颁布了一系列涉及作战、训练的权威性法规文件，主要包括俄军最高统帅关于军事训练的命令，国防部部长关于军队建设与军事训练的命令，总参谋部关于军事训练的训令、训练条令、训练大纲、训练教程及标准汇编等。国家层面的法律法规与军队规章制度相结合，为陆军部队按纲施训、科学组训提供了法律依据和制度保障。

一方面，根据战争实践经验及时出台具有较强针对性的军事训练大纲。第二次车臣战争期间，按照北高加索军区制定的战斗训练大纲实施训练的俄作战部（分）队未能很好地完成城市作战任务。尽管最终俄军取得了胜利，但暴露出训练大纲的要求与实际军事行动的需求之间存在较大差距的问题。为解决该问题，俄国防部战斗训练总局先后制定了一系列法规文件，如《参加北高加索反恐战役部队战斗训练大纲》（2000 年）、《派往武装冲突地区服役的军官、准尉及军士补充训练大纲》（2001 年）、《参加反恐战役分队战斗训练大纲》（2002 年）等。在 2008 年的俄格战争中，俄军在训练、战备等方面同样暴露出诸多问题。为此，俄从国家层面先后颁布了《俄联邦 2020 年前国家安全战略》《国防法》《2009—2012 年军事改革计划》等文件，这些法规文件成了俄陆军制订军事训练计划的最高遵循，为后续有效推进陆军军事训练改革奠定了坚实基础。

另一方面，围绕军事改革需求制定军事训练法规。自武装力量"新面貌"改革以来，为适应国家战略利益需求及军队使命任务的变化，俄陆军先后制定了一系列有关反恐、维稳、山地特种作战的法规文件，如《反恐作战分队战斗训练大纲》《摩步（山地）旅所属分队战斗训练大纲》等，这些法规文件是两次车臣战争及其他战争经验教训的总结、升华，是陆军军事训练大纲的补充完善，内容明确具体，具有很强的可操作性，能较好地指导陆军部（分）队和单个人员遂行山地特种作战、反恐作战、围歼非法武装集团等行动任务。

二、持续修订并完善军事训练法规

近年来，为适应现代战争及武装冲突形态的发展变化，俄陆军围绕部队的机动能力、远战能力、联合作战能力等核心能力建设，及时修订并完善军事训练法规，出台了一系列相对完备的训练指导性文件，为陆军调整军事训练内容、优化训练方法、提升训练水平提供了法规依据。其中，《陆军常备部队军事训练大纲》从实战需要出发，将年度训练时数由原来的 870 小时增加到 1520 小时，将训练日时间由 6 小时增至 8 小时，而在进行野外实习和野外作业时间，则增至 10 小时；《俄陆军战斗条令》系统总结了近年来世界局部战争和武装冲突的经验教训，梳理了现代战争中俄陆军运用的新理念与新战法；《俄陆军演习教令》全面规范了陆军各类演习的基本原则、准备与实施要求、解决争议问题的程序；等等。

2020 训练年度，基于对阿富汗、北高加索、叙利亚等战场上的城市、山区、沙漠作战行动的分析研究，俄国防部战斗训练总局制定了用于指导部队改进训练内容、创新组训模式、研练新战法的 10 份文件。国防部部长绍伊古还决定，计划于 2022—2025 年，根据近年积累的战斗训练经验和新式武器装备使用经验，对战斗条令、部队战斗行动教令、各军兵种训练和行动指南等全军基础性文件进行更新。此外，陆军总司令及各军区司令关于陆军训练的各种命令、指示，也是各部（分）队制订军事训练计划的基本遵循。各级军事训练大纲在部队日常训练实践中发挥重要导向作用，能确保军事训练理论与实践达成最大限度融合。

2023 年 3 月 30 日，俄陆军副司令亚历山大·拉平上将主持召开了主题为"依据特别军事行动经验，发展战役法和战术的理论与实践，完善陆军兵团、部队及分队的行动方法"的学术会议，与会者建议依据当前在乌克兰的特别军事行动及现代战斗行动经验，修订陆军战斗条令的结构和内容。此次会议后，俄陆军专门组织军事训练大纲的修订完善工作，并及时下发部队及军校，指导训练和教学工作。

三、运用军事训练法规固化训练成果

俄陆军注重用完善的军事训练规章、条令、条例、教令等来规范军事训练全过程，最大限度地避免组训者组织部队军事训练的主观性、随意性、盲目性。随着训练层级的不断提升和训练规模的不断扩大，训练内容、训练标准都发生了明显变化，对军事训练的要求也变得越来越高。为此，俄陆军重视以军事训练法规固化军事训练的最新成果，把建立健全陆军军事训练改革所必需的法规体系纳入俄军军事训练总体规划，确保改革的顺利推进，同时明确一项规定，即军事训练法规一经颁布就必须严格执行，违背者将受到法律制裁。

第六章　俄陆军军事训练主要特色

自组建以来，俄陆军结合本国武装力量建设实际，注重采取多种方法手段开展军事训练，有效提高了部队的战备水平、作战能力和快速反应能力。同时，在两次车臣战争、俄格战争、乌克兰危机、叙利亚军事行动等实战中不断探索总结，持续调整训练内容，改进训练模式，从多方面拓宽训练渠道，逐渐形成了突击战备检查常态化，把军事演习作为提升战斗力最有效的训练方法，通过联演联训提升战斗力、体现战略意图、以战引训、突出营战术群训练，引入比赛机制、以赛促训，着眼部队实际需求、依托院校培养军事训练人才等军事训练主要特色。

第一节　突击战备检查常态化

突击战备检查曾是苏联全面检验部队战备水平的惯常做法，但由于种种原因，这一有效的做法并未一以贯之。2013 年，俄军恢复突击战备检查传统，分别对四大军区进行俄独立建军以来首次大规模突击战备检查，对检验武装力量"新面貌"改革成果、完善演训机制、展示军事实力发挥了重要作用。此后，俄军将突击战备检查作为一种重要的组训方式，每年要举行 5～6 次战略级、数百次战役和战术级的突击战备检查。经过多年的实践积累，已经形成一整套比较系统的检查程序，大幅提升了部队的训练水平和实战能力。

一、恢复突击战备检查是陆军训练及作战实际的直接反应

自俄独立建军以来，受经济衰退、军费紧张和车臣战争等客观因素的影响，加之部分军队高层领导主观上满足于维持部队的训练现状，缺乏提高军事训练质量的信心，或者说不愿、不敢主动暴露训练中存在的问题，使突击战备制度一直未能得到恢复。2008 年俄格战争爆发之前，俄陆军部队训练水平不高，战备水平低下。冲突发生时，部分常备兵团和部队接到警报后反应缓慢，甚至无法按时出动，而在全军范围内，可遂行作战任务的部队比例还不到 20%，最终导致俄军为赢得胜利付出了惨重的代价。事实证明，一支强大的军队"贵在精而不在多"，在战争或冲突爆发时有多少兵力能投入战场。俄军的整体状况及在冲突中的表现，被俄罗斯民众广为诟病，也令克里姆林宫深感震惊。2012 年 12 月，时任俄军事科学院院长加列耶夫大将发表文章呼吁俄军恢复突击战备检查制度。2013 年，普京总统重拾苏军治军"利器"，先后对各大军区和军兵种轮番进行大规模突击战备检查，旨在全面检验俄军战备、训练水平，锤炼部队快速反应能力，有针对性地提高各战略方向俄军履行使命的能力，进一步巩固武装力量"新面貌"改革成果。大规模突击战备检查通常采取演习演练的方式，间隔 2～3 个月组织一次，覆盖战略、战役和战术各个层级，涉及各大军区和所有军兵种部队。随着演训地域范围不断拓展，规模、频次日益增加，俄军逐步形成了一套完善的机制化和常态化的突击战备检查模式，并使其与日常各种演训活动紧密结合、互为补充，全面提升部队的作战能力与战备水平。普京总统曾在多种场合公开表示："突击战备检查是保持和提升部队作战能力与战备状态的最佳方法。"

二、组织突击战备检查符合提升军事训练质量的现实需求

突击战备检查是俄陆军客观检验军事训练成果、全面考核部队战备水平与作战能力的重要方法，是发现问题、查找不足、总结经验的重要手段，也是年度军事训练的重头戏。结合自身的使命任务，俄陆军形成了较为顺畅的突击战备检查流程。自 2013 年起，陆军每年都对各级部队进行多次规模和层级不等的突击战备检查，其主要内容包括突发警报、紧急拉动、跨区机动、战役展开、实弹射击、攻防演练等，旨在通过此种方式提升部队的四种作战能力，即部队的快速反应能力、联合作战能力、远程机动能力及对新型武器装备的实战运用能力。通过突击战备检查，可以客观反映和全面检验部队最真实的训练、战备情况，及时剖析整改发现的问题，为修正作战条令、完善作战预案、调整军事训练大纲提供客观的事实依据，进而推动陆军部队的长远发展和战斗力提升。

三、突击战备检查充分体现军事战略意图

机制化、常态化的突击战备检查是俄军检验军事改革成效、提升战备水平和增强威慑力的重要举措。依据军事战略意图，俄军定期组织实施突击战备检查，其目的主要包括三个方面。

一是客观评估军事改革成效，推动军队建设良性、有序发展。自 2008 年启动新一轮军事改革以来，俄军的编制结构、指挥体制、战备标准、武器装备等都发生了重大改变，急需在近似实战条件下检验武装力量"新面貌"改革后军队是否适应新形势下的军事斗争。突击战备检查能及时发现制约军队战斗力提升的深层次矛盾与问题，为俄军下一步的改革调整提供依据、指明方向。

二是大力提升军队战备水平，确保有效应对多样性安全威胁。普京总统指出："随着国际地缘政治形势的发展变化，军队必须始终保持

较高的战备水平，时刻准备对国家安全面临的任何威胁与挑战做出坚决回击。"而突击战备检查则是使部队接受实战条件下的考核，提高各级指战员战备意识、战备观念和提升部队战备水平的有效方式。

三是高调对外展示"军事肌肉"，增强俄战略威慑力。突击战备检查不仅仅是军事活动，更是一种政治手段，俄军通过大规模、高频度组织突击战备检查，可以实现对外展示军威军力、扩大军事影响、威慑潜在对手，对内鼓舞军民士气、增强民族凝聚力等多重战略意图。尽管俄罗斯军政高层多次声称，突击战备检查"不针对任何国家"，也"不是炫耀武力"，但从演训规模和发起时机上，可以明显窥见其战略意图，即通过突击战备检查，对外展示强大"肌肉"，演练未来战争样式，有针对性地对各个方向的现实和潜在对手实施战略威慑。2014年2月，普京总统下令对西部军区、中部军区进行年度大规模的突击战备检查。这次突击战备检查的背景是乌克兰局势持续紧张，乌反对派在美西方的支持下通过"街头政治"成功夺权，俄在与西方争夺乌克兰的较量中严重受挫，俄在乌及整个欧洲地区的核心利益受到严重威胁，国家战略生存空间受到进一步挤压。在此背景下，俄陆军与其他军兵种联合行动，部分演习地域紧靠俄乌边境，彰显俄强势应对乌局势变化及坚决捍卫国家利益的决心及实力，对乌克兰构成强大威慑，促使形势朝着对俄有利的方向发展。

2016年2月8日至12日，俄军高层对南部军区包括陆军在内的50多个指挥机关、跨军种部队集群战斗力实施了大规模突击战备检查。检查的主要内容及指向性非常明确，即在俄南部及西南方向出现危机的背景下，部队指挥系统及各级指挥机构能否在规定时限内顺利展开并有效实施作战指挥，同时检查部队的地面、空中投送能力。

2019年9月举行的"中部-2019"首长-司令部战略演习邀请中国、巴基斯坦、哈萨克斯坦、吉尔吉斯斯坦、印度、塔吉克斯坦及乌兹别克斯坦参与，来自70多个国家的100多名武官，其中包括"北约"的代表在东古兹靶场观摩演习。俄国防部副部长福明强调，"中部-2019"首长-司令部战略演习的主要目的并非仅局限于军事层面，在检验各国部队技战术水平的基础上，更重要的是增进各国战略互信，提高军事互动水平，展示各国维护地区和平的决心和能力。同时，演习还旨在展示俄罗斯及中亚国家捍卫国家利益的准备程度，提高在完成捍卫和平与保障地区安全的联合任务过程中协同的能力和水平。

2020年3月25日至28日，根据普京总统命令，俄陆军参加了在全军范围内组织的"应对病毒传播"突击战备检查。这是该年度俄军首次组织大规模突击战备检查，也是该机制自2013年恢复以来，首次针对病毒扩散这一非传统安全威胁展开的军力评估，意在检验和提高军队应对病毒传播时的综合救助能力。俄媒称，此次突击战备检查既是俄军落实普京总统强化新型冠状病毒感染疫情期间国家安全形势管控的现实举措，也是提振军地人员信心的一次动员部署。同年7月，俄国防部对南部军区、西部军区、空降兵等部队的突击战备检查，主要为了应对"北约"持续加强在俄周边的军事存在，频繁举行联合演习对俄挑衅施压现状，向潜在对手展示决心实力，予以警示威慑，遏制其冒险挑衅等战略意图。

四、严格按照实战需求设计演练背景

俄陆军认为，平时的演训活动必须紧盯未来作战需求。未来的仗怎么打，今天的兵就该怎么练。因此，俄陆军改变了过去演习预演、看成绩、追求形式好看等脱离实战的做法，开始严格按照实战需求组织实施突击战备检查，意在从实战角度出发，全面检验和提升部队的作战能力。在参加突击战备检查时，着重突出以下几个方面。

一是发起时机突然。突击战备检查发起时间的突然性比较大，没有固定时间规律可循，下达命令多在凌晨，不仅受检部队事先毫无准备，而且各级指挥员，甚至军区司令员事先也毫不知情，且不预设演训地域，受检部队集结地点、开进路线、任务区域都临时指定，并根据战场态势不断进行调整变化。这种组训方式可以真实反映部队的战备水平，充分体现了"突击"的特点。如 2013 年 3 月 28 日凌晨，普京总统在结束南非金砖峰会，乘机返回莫斯科途中，以俄 2014 年索契冬奥会遭受恐怖袭击为背景下令对南部军区进行大规模突击战备检查，国防部主要领导及受检军区司令员事先并不知情。2020 年 7 月，俄国防部对南部军区、西部军区、空降兵、北方舰队和太平洋舰队海军陆战队等部队进行突击战备检查，在拉响战斗警报前，不管是受检军区部队，还是指挥机关，均不知道将要开赴哪个靶场。

二是基于任务、瞄准实战，设计演练内容与科目。俄陆军着眼应对现实安全威胁，依据各战略方向部队担负的使命任务，针对潜在对手的作战样式，围绕部队战斗力生成的关键环节设置演练内容与科目，具有较强的针对性和指向性，且在演练难度、强度的设置上均高于日常训练。例如，中部军区辖域国土纵深，作为战略预备队要随时准备增援其他战略方向，突击战备检查中，重点演练部队的远程机动、应急反应及在陌生地域独立或协同作战等科目。西部军区主要面临"北约"联盟式的军事威胁，重点演练跨区机动、远程奔袭、防空作战等科目。

三是根据实战对抗需求，组建假想敌部队。为达到真实练兵目的，俄陆军摒弃了以往提前指定假想敌的做法，采用临时跨军区、跨部门调动作战经验丰富的部队充当假想敌。在演习过程中，受检部队事先并不了解"当面之敌"情况，指挥员和部队要根据战场态势的演变随时调整作战方案，这样能够客观检验和有效锤炼部队在近似实战条件下的作战能力、战场应变能力。如在"中部-2015"战略演习中，为演练反恐科目，俄陆军特意从南部军区调来非常了解恐怖分子活动规律的第 17 独立近卫摩步旅充当假想敌。

四是突出检查的综合性。俄军突出强调国家层面的"大国防"理念，认为战争不仅是武装力量的个体行为，还是国家、军队、政府机关、强力部门和民众的集体行为。2013 年 7 月 14 日，在国防部电视会议上，绍伊古要求"把检查重点放到高质量完成部队指挥、物资技术保障和医疗保障等任务上"。俄陆军强调，在战备等级转换后，部队的武器装备、物资器材等要始终保持应有的战备状态，以确保全面、及时、有效地满足部队作战需求。在现代局部战争和武装冲突中，往往要综合使用军事和非军事手段，合理运用国家、军队、社会和团体等各方面力量。从检查对象上看，突击战备检查覆盖所有军兵种部队，根据情况需要，内务部、联邦安全局、紧急情况部等强力部门的部队，甚至航运、铁路、公路、民政部门也会参加。2015 年 9 月，在对中部军区进行突击战备检查过程中，俄军对内务部、交通运输部等 6 个部门及新西伯利亚州等 4 个联邦主体战时履行国防任务情况进行了检查。从检查要素上看，要求从指挥机关到作战部队、从指挥员到普通士兵，不漏一人，全员参加。从检查内容上看，从作战准备、机动投送至作战展开等环节全覆盖，内容包括危机快速反应、侦察与通信、远程兵力投送、战斗实施、武器装备状况、后勤保障能力、军地协同等各个方面。

第二节 把军事演习作为提升战斗力最有效的训练方法

俄军认为，军事演习是军事训练的最高和最有效的形式，每年都组织各种级别的军事演习。通过军事演习，能在贴近实战的条件下全面检验部队的训练成果，切实提高部队的技战术水平及指挥、参谋人员的作战筹划与指挥能力。

一、军事演习是俄军的传统训练方法

俄军自苏联时期起就一直有开展大规模军事演习的传统，尤其是在

冷战时期每年都举行近百场大规模军事演习。苏联解体后，俄罗斯经济和军事实力大幅下滑，在与西方的利益碰撞，特别是军事较量中长期处于下风，屡受打击。乌克兰危机爆发后，俄罗斯与美欧关系急剧降温，处于冷战以来的冰点。以美国为首的"北约"频繁在东欧、黑海和波罗的海地区举行大规模军事演习，不断挑战俄罗斯的底线。面对日趋恶化的外部安全形势，俄罗斯一直在寻找各种机会"秀肌肉"，以彰显其不屈于西方威慑、坚决捍卫国家利益的实力和决心。

自武装力量"新面貌"改革以来，每年俄陆军与其他军兵种部队在一个关键战略方向上举行首长-司令部战略演习，如"东方""西部""高加索"及"中部"系列演习。战略演习是俄军演训活动的最高形式，是俄军威胁预判、作战思想、建设和战备水平的集中反映，其重点是对应对各战略方向上可能发生的局部战争和武装冲突的作战预案进行实战推演，对跨军种、跨部门战略指挥链和保障链运行效能及联合作战能力进行全面检验，达到以演带训、以演促改的目的。通常，演习前，广泛组织动员训练、突击战备检查、系列专项保障演练；演习中，注重检讨总结、复盘整改；演习后，将相关成果纳入新年度军事训练工作筹划，在迭代创新中夯实练兵备战基础。

同时，俄军非常注重演习的数量。比如，2021训练年度，俄军组织了18000余次各种层次和规模的战斗训练活动。2021年底，俄国防部负责军事训练工作的副部长叶夫库罗夫上将在全军训练工作总结中指出，2021年，俄军训练指标进一步提升，与2020年相比，演习数量增加1%，军种间训练强度增加3%，双边演习数量增加2%。苏沃洛夫曾指出："演习中艰苦，战斗中轻松。"俄陆军注重把军事演习作为最接近实战的军事训练活动，通过这种训练形式达到迅速增强部队战役战术素养的目的。

二、按照实战需求组织实施军事演习

最大限度贴近实战是俄陆军军事训练的重要原则之一，这一原则强调军事训练要在贴近实战的条件下进行。依据预定作战任务及军区所在地域特点等设置具体军事训练内容，实战训练贯穿于陆军军事训练过程的始终。普京总统曾指出，平时的演训活动不是演戏，而是真实的作战行动，要严格按未来战争的需求，重点演练各参训部队在贴近实战环境下进行平战转换、快速远程机动和遂行各种作战任务；俄军各军兵种部队的训练计划，不能只做表面文章，要着眼实战需求，最大限度地创造贴近实战的环境；各种演训活动要客观、真实地反映部队的训练水平及武器装备的技战术性能。在不断的战备检查、演习、训练中使部队得到锻炼。基于此，俄陆军着力实现演习最大限度接近实战，真正检验陆军部队应对各种现实安全威胁的能力。

一是演习对象多元。俄军大部分演习的规模比较大，演习对象涵盖从俄军各军兵种部队到地方权力执行机关，从高级指挥员到普通士兵、从作战力量到保障力量，完全按实战要求全面拉动各作战要素。在演习过程中，要求各类型、各层次受训对象要带着问题进行训练。比如，陆军部队指挥员要演练如何使用自动化指挥系统指挥作战，如何指挥本军种部队与其他军兵种部队实施联合行动；陆军单个人员要演练如何快速机动，如何借助通信装备传输陆上战场态势；等等。在2016年7月西部军区第一坦克集团军组织的首长-司令部演习中，炮兵、摩托化步兵、侦察部队及国防工业、武装力量诸兵种合成军事学院的代表参加。通过演习，不仅检验了各部（分）队的战备水平、作战能力及武器装备的技战术性能，而且院校教员代表参加演习，可以最大限度地实现院校军事训练理论与部队训练实践的无缝对接。

二是演习科目多样。举行军事演习旨在提升打赢未来战争及武装冲突的能力或达成"不战而屈人之兵"的目的。因此，俄军要求"现代战争怎么打，演习就该怎样实施"。在历次演习中，俄军严格按照真实战场环境标准设置演练科目，涵盖所有作战环节，包括战备等级转换、远程投送兵力、展开部署、精确打击、防空反导、掩护支援、信息对抗及部队后撤等诸多科目。为更好地适应未来战争需求，俄军要求坚决摒弃军事训练中的形式主义和简单主义做法，注重运用多种手段将部队投送至数百或数千米外的陌生地域遂行任务，增强部队在陌生环境下的实际作战能力。同时，注重提升部队在野战条件下、极端环境条件下的生存技能及实战技能。如在2016训练年度，陆军军事训练的重点是进一步提升战术兵团部队的行动能力，特别是在各种陌生地域、极端环境条件下遂行任务的能力，具体包括部队合练、山地特种训练、夜间战斗训练及在假想敌实施电子干扰的情况下演练战术兵团的作战指挥方法等，力求最大限度达成平时训练与实战的一致。

三是演习突出远程投送。俄罗斯地跨亚欧两大洲，国土幅员辽阔，防御纵深大，东西最长距离近1万千米，南北最宽距离4000余千米。在军队员额较以往有大幅裁减的情况下，俄军难以在各大战略方向上均保持强大的军事力量。而现代局部战争和武装冲突的爆发具有突然性、不可预知性等特点。俄2014年版《军事学说》指出，尽管爆发针对俄罗斯大规模战争的可能性下降，但俄面临的军事危险却有所增加。俄罗斯独特的地理条件及面临的复杂地缘战略环境，促使俄陆军突出跨区及跨国机动的演练，提高远程机动作战能力，做好应对各种军事危险的准备。因此，俄陆军参与的大规模国际联合演习参演兵种多、机动距离长，特别注重提升远程跨区及跨国战略投送能力和快速机动能力，以有效应对来自"四面八方"的威胁，绝不能摆花架子、走过场。在近年来举行的大规模军事演习中，俄军均把远程战略投送，特别是陆军部队的跨战役方向、跨战区的立体机动作为例行演练内容，以提升部队跨区机动支援能力和快速反应能力，特别是在陌生地域和复杂环境下跨区机动战役展开能力。比如，在集安组织框架内"协同-

2010"演习中，俄各参演部队均实施了远程跨区兵力投送科目的演练。时任参谋总长马卡罗夫表示，演习验证了战区外兵力经过远程投送后接收战区内武器装备直接投入战斗的可行性及合理性。俄陆军多次实施跨区投送、远程奔袭的作战行动，体现了其综合性远程机动和"全境到达"的应急作战思想。在"东方-2014"战略演习中，东部军区先后将3个军区级指挥所、10个集团军级指挥所、1个师指挥所、8个旅团指挥所和11个旅、1个团、24个营、12个连的实兵，通过摩托化行军和铁路、空中、水上输送等多种形式部署到达斡尔、阿穆尔、楚科奇、堪察加、滨海和萨哈林六大战役方向。而"东方-2018"战略演习的主要目的之一是检验指挥机关在计划和实施部队远距离重新部署兵力和组织陆、海、空等各军种之间协同的准备程度。演习在俄境内多个靶场举行，俄军采用混合方法将部队远距离（近7000千米）投送至陌生训练场。"中部-2019"演习在东古兹、托茨基、阿达纳克、切巴尔库利等地进行，演习同样涉及部队远程机动问题，赴哈萨克斯坦参演陆军兵力在一昼夜之内完成了开进并到达哈境内。

四是演习突出实战性。为客观检验部队的战备水平和实战能力，俄军历次演习都注重突出实战性。首先，营造贴近实战的演练环境。为了使广大官兵增加实战体验，俄军在历次演习中都注重创设最危险、最复杂的战场环境，营造最贴近实战的战场氛围，强调必须在严酷环境中实施演练。在"中部-2015"战略演习中，在实施登陆和封锁海战场科目演练过程中，由于风急浪高，2辆BTR-80装甲运输车被大海淹没，造成4名哈萨克斯坦军人当场身亡。其次，演练内容难度设置高。演习过程中，大部分参演部队被投送至陌生地域实施演练，以检验部队在陌生环境、复杂地形条件下的生存能力和作战能力，而且大量科目是在无脚本、无预案或按上级根据实际情况临时指定的方案实施，演习场景也根据战场态势的变化不断进行调整。俄军信奉"战场上唯一确定的就是不确定"，认为"打仗的方案永远不会在战前就完全准备好"。这种组训方法大大提高了演习的难度。最后，根据实战需要组建假想敌部队开展对抗。为了达到真实练兵目的，俄军在演习期间专门挑选作战经验丰富的部队充当假想敌。

五是实现演习与实战无缝对接。"演习就是实战"，这是俄陆军一直遵循的基本观点。如2014年在乌克兰危机期间，俄军在乌东部地区实施了"低强度特种战"。俄军驻扎在两国边境，对乌当局形成强大的军事威慑态势。俄军假借演习之名，在俄乌两国边境地区集结包括陆军在内的3万余兵力，从东北、东南和南部3个方向对乌形成包围态势，部分演习地域距边境线不足千米。乌军目视即可"观摩"，演习的宣战意味非常明显。俄陆军在东北方向部署了坦克、履带式装甲车等各种重型装备，一昼夜内即可推进至乌首都基辅；在东部和东南方向距两国边境100千米至200千米的距离内，主要部署了轮式装甲车。一旦局势突变，俄陆军可快速机动至边界地区，对驻守乌东部的军队进行打击。俄陆军通过抵近部署及频繁演习，不断对乌政府释放强硬信号，为乌亲俄武装争取生存空间和斗争余地创造有利条件。

三、依托军事演习检验陆军训练新成果

近年来，面对"北约"持续东扩，俄罗斯的战略生存空间受到严重挤压。如何重振昔日大国雄威，如何向国际社会展示军事实力，成了俄军历任高层都在思考的问题。在军事训练方面，俄陆军以基于任务的军事演习为抓手，全面检验军事建设成果，积极探索未来作战样式。

一是验证创新军事理论。近年来，俄军着眼未来战争特点和作战需求，不断深化作战理论研究，加大作战理论创新力度，提出了"网络中心战""摧毁敌极其重要目标的战略性战役理论""远程精确毁伤"及"跨区机动作战"等新思想，同时积极通过各种演训活动验证和完善相关理论，在运用理论指导作战及运用作战验证理论方面，形成了良性循环。在"高加索-2012"战略演习中，重点演练了新型作战样式，

如陆军参加网络中心作战、摧毁敌极其重要目标作战、远程精确作战、跨域机动作战等创新理论。在"西部-2013"战略演习中，俄（罗斯）白（俄罗斯）两国参演部队按照实战标准对新型作战理论与作战力量进行了重点检验。在"东方-2018"战略演习中，在楚戈尔训练场组织的实兵演习重点验证被赋予新内涵的体系支撑下的"机动防御"理论。

二是推动联合作战样式向更深层次发展。在现代条件下，随着作战空间的融合与拓展，未来战争及武装冲突的进程和结局越来越取决于参战各军兵种部队和相关力量之间的密切协同、联合行动。俄陆军注重通过参加各种规模的联合演习，演练在信息系统支撑下与其他军兵种部队遂行联合行动的新样式。如 2016 年 9 月 5 日至 10 日，南部军区某独立摩步旅和山地摩步分队、西部军区某独立坦克旅及俄驻阿布哈兹和南奥塞梯军事基地的分队等参加了年度规模最大的"高加索-2016"首长-司令部战略演习。此次演习是在俄乌关系持续紧张，特别是克里米亚局势剑拔弩张之际举行的，旨在评估俄军在西南战略方向上维护国家安全与利益的能力，提升联合战略司令部应对多样性安全威胁的战略筹划、应急反应和对跨军种部队集群的指挥能力，组建的以陆、海、空和空降兵为主的联合集群针对可能发生的武装冲突，重点演练了协同作战科目，检验了新型统一战术指挥系统和远程高精确武器在贴近实战环境下的作战运用效能。

三是演练精确打击战法。近年来，随着俄军对现代战争及武装冲突精确性、非接触性等特征认识的不断深化，俄陆军注重通过参加各种规模的联合演习，不断强化精确火力打击训练。如在"东方-2014"战略演习中，东部军区陆军运用陆基"圆点-U""伊斯坎德尔-M"战术导弹对设置目标实施了远程精确打击，防空导弹部队用 C-300 型防空导弹进行了复杂条件下的发射演练。

四是检验新型武器装备性能。通过大规模军事演习检验武器装备的技战术性能和实战运用效果，以及提升广大官兵对新装备的操控技能，是俄军的一贯做法。俄国防部部长绍伊古曾指出："武器装备是战斗力生成的基础支撑，部队战斗力的提升首先就取决于新型武器装备的列装程度。"为适应未来信息作战需要，俄军加快推进现有装备的升级改造和新型武器的研发列装，不断提高武器装备的现代化程度。近年来，俄陆军陆续列装的新型装备都在演习中进行了实战应用。如在 2017 年 6 月 3 日俄罗斯与塔吉克斯坦举行的联合反恐演习中，俄军首次在境外成功试射了"伊斯坎德尔-M"战术导弹。历次演习结果证明，由于列装新型现代化武器，陆军兵团和部队的火力打击和机动能力大幅提升。同时，在演习过程中，俄军还把装备设计师、工程师拉到战场一线跟踪检验各式武器战斗效能的发挥，及时发现装备存在的问题与缺陷，为进一步完善武器装备技战术性能提供技术参数。

四、通过军事演习完善陆军军事训练思想

近年来，俄陆军高度关注国家安全形势的变化，积极研究、探索未来局部战争及武装冲突的特点。同时，通过参加各种规模的系列演习，及时总结经验，演练如何能够发挥自身优势，与其他军兵种协同完成作战任务；在此基础上，研判新形势下军事行动的特点、规律，形成符合陆军自身实际的作战及训练思想，以有效应对国家面临的多样性安全威胁。

一是通过演习推动陆军新的军事训练思想形成。近年来各类演训活动实践表明，随着国家安全战略和军事战略的调整变化，陆军的使命任务也在不断拓展延伸。因此，演习必须反映未来战争及武装冲突的特点，体现陆军以灵活、多样的军事行动战胜强敌，寻找适应新的军事行动的应对方法，并以此为基础形成新的军事训练思想，再反向推动陆军军事训练质量的提升。

二是通过演习推动陆军军事训练思想与作战思想的融合。当前，"联合作战"是最基本的作战形式。陆军必须改变传统的"以陆军为主、

其他军兵种支援配合"的合同作战思想，必须摒弃这种曾长期指导俄陆军军事训练的思想。在武装力量"新面貌"改革过程中，陆军的训练领导与指挥体制也必须在联合训练领导与指挥体制内有序运行，在借鉴外国陆军军事训练经验的同时，兼顾陆军自身特点，将联合作战思想与联合训练思想高度融合。

三是通过演习检验陆军军事训练思想。俄罗斯《国家安全战略》《军事战略》，特别是最新版的《军事学说》，都体现了俄军灵活、机动、精兵速胜的军事思想。在各种规模的演习过程中，俄陆军遵循上述思想，制定演习预案，演练预设的各个阶段行动。经过多次演习探索，不断总结新形势下陆军作战行动的特点及规律，检验国家安全战略及军事战略与实战及演习之间的契合度，最终为陆军继续改革军事训练思想提供客观依据。

第三节　以战引训，突出营战术群训练

武装力量"新面貌"改革期间，俄陆军"撤师改旅"，从"集团军—师—团"体制调整改革为"集团军—旅—营"体制，并基于历次作战行动的经验教训，确定了营战术群这一符合陆军发展实际的作战编组方式。营战术群通常以摩步营为基础，配属侦察、炮兵、坦克、电子战、防空、防化、工程兵等分队，是由职业化合同兵组成的高战备、模块化的常备战术编组，具备强大的火力打击和自身防御能力，同时营战术群内部具有高协同作战能力，既能够在上级编成内遂行任务，也可以在独立方向上执行攻防作战任务。2021年11月，俄国防部部长绍伊古宣布，俄武装力量拥有168个营战术群，这些战术群达到了较高的战备水平，能够在1小时内就准备好出战。这是一个很高的指标。当前，俄陆军已将营战术群的使用列入陆军战斗训练大纲，围绕强化旅、营级部（分）

队独立作战能力，适应军事领域内诸多变化因素，不断提高营战术群训练强度，注重培养营战术群指挥员的指挥技能及单个人员在复杂条件下和陌生地域遂行军事行动的能力。

一、围绕现代军事行动特点加强营战术群训练

随着武装力量建设改革的推进和军事斗争实践的需要，营战术群的力量发挥开始受到高度重视。2014 年底，东部军区集中重点兵力和优势兵器组建了五个营战术群，平时由旅长指挥，战时由集团军司令通过集团军指挥所中的作战指挥中心直接指挥。在"高加索 -2016"战略演习中，参演单位临时组建了数个营战术群，由演习总导演直接指挥，并实施了联合演练。第 20 集团军在重建过程中，除营战术群外，还组建了连战术群。俄陆军认为，现代战斗行动要求分队具备战术上的灵活性，能够对敌行动做出迅速而精确的反应。基于营战术群在历次实战中发挥的独特作用，俄陆军在改革中大力加强机动灵活、自给自足的营战术群建设。随着战争形态的演变、军事斗争实践的发展和武装力量建设改革的推进，俄陆军愈加重视加强营战术群训练。

一是新战争形态促进营战术群地位的提升。随着新战争形态的不断出现，未来军事行动的基本战术单元发生了明显变化。俄陆军将营战术群视为基本战术单元，认为在未来作战行动中，营战术群具备在任何复杂条件下遂行多样化任务的能力及在独立作战方向上或与主力失去联络的情况下遂行作战任务的能力。2011 年，俄军开始启用新的战斗条令。新条令规定，必须依据现代战争性质、形态的变化，赋予独立部（分）队在行动中更大的自主性及灵活性，赋予其指挥员更大的自主定下决心的权力，使其能够高效完成上级指挥机关赋予的任务。尽管营战术群作为加强型战术分队处于作战行动指挥链的末端，但在得到其他军兵种作战分队的加强后，合成化程度更高、机动能力和独立作战能力更加突出，其在陆军领导指挥体制中的地位不断提升，并

将在未来战争中发挥更重要的作用。

二是借鉴国际及国内军事训练经验推动营战术群训练走向新高度。在武装力量"新面貌"改革过程中，俄陆军既注重不断总结自身军事行动经验，同时积极借鉴美西方国家军队在军事训练方面的有益做法，形成管用、实用的军事训练方法。俄陆军总司令萨柳科夫在分析2014—2015年国际形势及俄军军事训练总体情况时指出，基于世界主要国家军队战术群组建、保障及使用的实践经验，俄陆军营战术群编成不断优化，能高效完成俄军最高统帅赋予的训练及作战任务。目前，俄陆军每个旅（团）一般编有2个"营战术群"，全部由合同制军人组成，兵力加强至800～900人，配备遂行任务所需的各类战斗装备，具备极强的战斗力和丰富的作战经验，可随时遂行应急作战任务。

三是依据陆军编制调整加大营战术群训练力度。作战旅结构的调整是加大营战术群训练力度的基础。在武装力量"新面貌"改革过程中，俄陆军不断优化完善作战旅结构。根据所担负的使命任务，新型作战旅分为重型、中型和轻型旅三种。重型旅包括坦克旅和大部分摩步旅，拥有较强的火力及生存能力，能够在开阔地域同敌人展开对抗；中型旅配装甲车，可在城市、山地、林地及荒漠等复杂战场条件下遂行多样化任务；轻型旅包括山地摩步旅、极地摩步旅及空降突击旅，配备越野性能极高的装甲战车。2012年，基于前几年实施的大规模战略演习的经验，俄军依据新版训练大纲的要求重点加强了上述旅、营级战术分队的训练力度。2015年，在分析总结俄陆军部队在顿巴斯军事行动中的优势与短板的基础上，总参谋部下令在每个陆军旅组建常备、建制的营战术群。当前，俄陆军旅、营级部（分）队基本实现了模块化转型，旅、营级作战单元的独立作战能力明显提高，为提高军事指挥机关联合指挥效能及实施"模块化作战"奠定了实践基础。

二、营战术群突出机动、自我保障及独立作战能力的训练

在未来的非线性战争中，部队将经常不得不脱离主力在独立方向上遂行作战任务，因此，迫切需要提高部队的独立作战能力。"自给自足"的营战术群，即使不配备上级的兵力兵器，也"能在相当远的距离上独立遂行任务"。考虑到军队现阶段的发展状况，俄军将更多组建具备高度机动能力和独立作战能力，以及能够"自给自足"、实现自我保障的战斗分队，即营战术群。营战术群训练除了具备传统正规分队的训练特点，还具有以下鲜明的特点。

一是突出高度机动能力训练。营战术群全部由合同制军人组成，专业素养过硬，时刻保持战备状态，能够在不进行补充人员的情况下快速参加战斗。在战斗进程中，运用现代化运输工具将其快速运送至指定作战区域。由于特殊作战地域的需要，有时还需使用远程运输机将营战术群投送至任务区，完成其他部队所不能完成的特殊任务，如后方警戒、在重要威胁方向上采取行动，同时能够对威胁迅速做出反应。

二是突出超强自我保障能力训练。俄陆军充分意识到，在独立作战方向上，"自给自足"是提高部队生存能力的根本。基于摩步营、坦克营组建的营战术群，其编成包括战斗分队、技术分队、后勤分队及医疗保障等分队。尽管这些分队的规模有限，但组合起来就构成一个功能全面、要素齐全的战斗编组整体，具备较强的能攻能守能控能力，可在任何时间、任何地理环境及气候条件下，在不进行大规模补充员额、补充训练的情况下快速参加战斗。

三是突出独立作战能力训练。俄陆军认为，拥有独立侦察、通信和保障能力的营战术群更能适合未来军事行动需求。未来军事行动的特点要求，在营战术群行动中，必须高度关注在战术层次上各军兵种部队行动的高度联合统一及协同；单个人员能够熟练使用自动化战术指挥系统，配属无人机分队等各种现代化装备。在与上级指挥机构失去

联络的情况下，营战术群要能够独立定下行动决策，自主采取军事行动，即在战场态势不清晰的情况下，能够独立遂行作战行动。同时，营战术群既能够实施传统的作战行动，又能够适应现代局部战争及武装冲突中作战行动的典型特点，有效应对非正规武装的破坏活动，达成既定的作战目标。此外，俄陆军在国际联合军事演习中也注重营战术群的作战运用，强调以绝对优势的常规军力围歼敌方目标，摩步营加强炮兵分队、坦克分队及空降分队采取立体突破的方法，全面提高营战术群的独立作战能力。

三、把营战术群训练纳入年度军事训练计划灵活施训

俄陆军营战术群按年度军事训练计划组织实施训练。相较于常规分队训练，营战术群训练更加突出具体性、针对性。

一是组织营战术群参加各种集训。鉴于拥有独立侦察、通信和保障能力的营战术群在未来军事行动中将发挥愈加重要的作用，俄陆军高度重视营战术群的建设与训练工作。例如，根据面临的安全威胁及当前的地缘环境，西部军区高度重视营战术群的建设与运用问题，定期组织训练-教学法集训，由资深指挥员其中包括有实战经历和丰富作战经验的将军，对营战术群指挥员进行培训，使其掌握实施联合战斗的最新形式和方法。同时，注重演练各种通用武器装备的使用，提高作战效能。

二是通过演习检验营战术群的作战效果。俄陆军重视通过各种规模演习，演练在复杂环境下营战术群与其他军兵种部（分）队协同完成作战任务和提升指挥员的指挥技能。在"中部-2015"战略演习中，在清剿"恐怖"组织作战行动中，俄军灵活运用营战术群成功消灭了"恐怖分子"。2016年9月，在西部军区加里宁格勒州，波罗的海舰队海岸部队近卫摩步团实施了营战术群实弹演习，主要演练如何歼灭假想敌破坏侦察分队，如何借助航空兵实施远距离机动，如何通过染毒和

放射性物质沾染地段、各种人工及自然障碍。分队在米-24攻击直升机和苏-24轰炸机的支援下，营战术群分队成功击退假想敌优势兵力发起的进攻，同时确保己方部队的顺利展开。演习表明俄军营战术群能够独立遂行较为复杂的作战任务。其中，还有一项值得关注的问题，即在平时的军事训练过程中，营战术集群必须能够保证在陌生地域内与其他分队之间的有效协同。这种训法的最大优势在于，可以最大限度地发挥营战术群机动性强、装备精良的优势，同时也检验其行动中存在的不足，为下一步训练内容的调整与改革提供可靠的实践数据。同时，俄军军事训练的年度例行检查、考评都组织实施营战术群演习，检验营战术群的总体训练情况。

三是突击检查营战术群训练方法的有效性。俄军对训练方法的有效性非常关注，并定期组织专项检验。比如，在突击检查过程中，预先设计多种可能的行动方案，采用各种运输方式实施远程投送、长途行进，在陌生训练场、各种地形地段，独立或在诸兵种合成部队集群编成内，在全面对抗假想敌的情况下，如何完成各种训练及战斗任务等。特别是随着突击战备检查的常态化，俄陆军逐渐积累营战术群作战经验，并在新年度的军事训练计划中得到充分体现，为新年度的军事训练计划调整提供最直接的实践依据。

第四节　通过国际联演联训全面体现战略意图

为重塑军事大国形象，保持在国际舞台上的军事政治影响力，有效应对地缘战略环境的变化及多样性安全威胁与挑战，俄罗斯在国际军事合作领域不断拓展、整合自己的"朋友圈"，提升组织和参加国际联演联训的力度，与不同国家武装力量开展联演联训，以此作为扩大对外交流、加强与盟国和友好国家政治军事合作、检验与提高部队训练水平及提升作战能力的重要平台。俄陆军是参加国际联演联训的一支重要力量，积极组织和参加各种级别和类型的国际联演联训，并在其中扮演重要角色。

一、从总体上设计国际联演联训的重点

进入 21 世纪，尤其是军事训练体制改革以来，俄军摒弃传统的封闭式训练模式，注重通过与各国武装力量举行联合军事演习，学习借鉴训练经验，提高联合训练水平，锤炼联合作战能力。其中的优先方向是集安组织、俄白联盟、独联体、上合组织框架内的联合军事演习，这类演习已经例行化、制度化，一般是每年或每两年举行一次。演习的内容与课题设置突出多样性，旨在提升包括陆军在内的诸军兵种部队在复杂国际环境中应对传统安全威胁和非传统安全威胁的作战能力。

独联体一直是俄罗斯对外政策、军事合作的优先方向。苏联解体后，许多新独立国家由于失去了苏联这个超级大国的庇护，在维护和捍卫国家安全方面的力量不足，不具备独立应对内部、外部安全威胁的能力。随着以美国为首的"北约"对苏联地区的不断渗透和扩张，俄罗斯为保持其传统影响力，不断调整对独联体的政策，积极与各国开展政治、军事合作，竭力将其打造成与西方地缘博弈的战略屏障。俄陆军及其他军兵种部队积极与独联体、集体安全条约组织成员国武装力量开展联合军事演习，注重演练保卫边界安全、打击"三股势力"，以及维护国家局势稳定等方面的内容。如定期举行的"边界""西方""联盟盾牌""战斗协作""牢不可破的兄弟情"等系列联合演习。2019年10月21日至29日，俄罗斯、白俄罗斯、哈萨克斯坦、塔吉克斯坦、吉尔吉斯斯坦、亚美尼亚 6 个国家在塔吉克斯坦哈尔布-迈东靶场进行了代号为"牢不可破的兄弟情-2019"集体安全条约组织军事演习。该演习是集安组织针对中亚战略方向的重要演习，旨在检验和强化集安组织成员国在反恐、维和行动中的协同指挥和作战能力，进一步完

善集安组织军事合作体系。通过演习，使各参演部队指挥员及指挥机关获得了维和行动组织实施、维和力量指挥运用等方面的宝贵经验，强化了维和部队集群的协同作战能力和快速反应能力，提升了各成员国武装力量之间的合作水平。上海合作组织框架内的"和平使命"系列联演，主要演练应对地区非传统安全威胁。自 2001 年 6 月成立以来，上海合作组织在安全合作方面，尤其是在打击"三股势力"、维护地区稳定方面取得了显著成效。2021 年 9 月 11 日至 25 日，"和平使命-2021"联合反恐军事演习在俄罗斯奥伦堡州东古兹靶场举行。此次演习是在上合组织成立二十周年之际，也是在全球新型冠状病毒感染疫情持续蔓延的特殊情况下举行的，中、俄等 8 个成员国参演部队以筹备并实施联合反恐行动为课题，重点演练侦察监视、火力打击、外围封控、地面突击、分割围歼、肃清残敌等课目，全面检验了联合筹划、联合指挥、联合打击、联合保障水平，充分展示了各成员国间的互信协作，进一步提升了成员国共同应对新威胁、新挑战的能力。通过"和平使命"系列演习，俄陆军积极探索反恐行动中与中国等国武装力量之间情报交流与共享的良性运作机制，演练遂行联合反恐行动的方式、方法。同时，深入了解各国军队的训练方式、方法，为本国陆军军事训练提供有益借鉴。

二、依据军区使命任务组织战略方向国际联演联训

俄军紧盯未来作战需求，着眼应对现实安全威胁，依据各战略方向战区使命任务，针对潜在对手，例行依托军区组织"东方""西方""高加索"及"中部"系列战略级国际联演联训。举行此类演习不仅能够起到战略威慑作用，更重要的是能反映出俄军在政治、军事、外交等方面的诉求。

一是"东方"系列联演旨在捍卫俄远东及亚太地区的安全。俄东部军区位于后贝加尔斯克和远东地区，其主要任务是捍卫俄东部地区

安全。"东方"系列演习旨在展示俄军在远东地区的军事实力，维护俄在亚太地区的安全利益，确保俄远东地区的发展。比如，"东方-2018"首长-司令部联合战略演习，是在"北约"不断东扩、俄战略生存空间不断受到挤压、与西方关系持续紧张的大背景下实施的。演习层级高、规模大、要素全、联合性强。2022年8月底至9月初，俄例行举行"东方-2022"战略演习，中国、印度等14个国家派遣战役指挥组及部队参演。在俄乌冲突持续半年的情况下，俄军仍组织年度重要的演习，更加有效配合了其外交政策。通过演习释放信号，展示其控制东部的实力和决心。从时机上看，演习是在俄乌冲突大背景下实施的。俄乌冲突发起前，俄军就已筹划设计了此次演习，俄乌冲突过程中也与日本在北方四岛问题上有过直接交锋。当前，俄军的一些主力部队，其中包括东部军区的部分兵力，正在乌克兰战场上与乌军作战。在此背景下，俄仍坚持推进演习，同时还组织国际军事比赛，展示"一切按计划进行"的强大自信和能够兼顾东西的作战实力，借以震慑潜在对手的成分很重，向国际社会、有关国家展示俄罗斯在东部地区的实力并没有因俄乌冲突而受到影响。同时，演习结束后接续举行第七届东方国际经济论坛，使演习的综合效益最大化。

二是"西部"系列联演应对"北约"威胁。西部军区位于俄西北部，与乌克兰及"北约"某些成员国接壤，地缘战略位置特殊，主要面临"北约"的军事威胁，主要使命任务是捍卫俄西部方向安全。白俄罗斯作为俄西北方向的邻国，地理位置非常重要，是俄通向欧洲的安全屏障。俄、白两国之间在该方向上联演联训的地位至关重要，目的是检验两国保证联盟国家安全和抗击侵略的能力，提高军事指挥机关的协同能力，提高部队野战技能和空中作战技能，重点演练跨区机动、远程奔袭、防空作战等科目。"西部-2021"演习就是回应"北约"在两国边境地区频繁进行的军事挑衅，为保证联盟国家军事安全而进行的联合演练行动。

三是"高加索"系列联演保证俄南部战略方向安全。南部军区位于俄西南部,用于捍卫俄南部方向的安全,是"高加索"系列联演的主要参加者。"高加索-2020"战略演习,从战略层面上讲,目的是保证俄及伙伴国准备好捍卫国家利益,提升履行联合作战任务过程中的协同能力,同时检验南部军区保卫俄西南边境及相应战略方向的能力。演习设定的场景是俄西南边境地区遭受国际恐怖势力入侵,俄被迫实施机动防御以捍卫领土完整。

四是"中部"系列联演旨在保护中亚地区安全。中部军区是俄军最大的军区,占俄领土面积的40%,所属海外军事基地数量多且规模最大,是东部、西部、南部军区的总预备队。其主要任务是保卫首都等重要目标,并作为战略预备队,随时准备增援其他方向。主要防御方向:一是阿富汗;二是中亚与西亚接近地带,该地区充斥着各种热点问题,尤其是"三股势力"猖獗,对俄及周边友好国家构成严重威胁。"中部"系列联演旨在保护俄及周边友好国家的安全,重点演练部队的远程机动、应急反应及在陌生地域独立或协同作战等科目。在"中部-2019"首长-司令部战略演习中,主要展示了俄及中亚国家捍卫国家利益的准备程度,提高履行维持和平与保障地区安全任务过程中协同的能力及水平,是俄向西方"秀肌肉"的演习,尤其是针对"北约"在中亚地区长期的军事存在。俄国防部负责国际军事合作的副部长福明强调,"中部-2019"演习的主要目的并非停留在简单的军事层面,只考察各国部队的技战术水平,更主要的是增进战略互信,提高军事互动水平,展示各国维护地区和平的决心和能力。

三、国际联演联训常态化和机制化

国际联演联训已经成为俄国家战略和国际军事合作的重要组成部分,不仅能提高参演国共同应对传统安全和非传统安全威胁的能力,维持和强化参演国之间的军事合作关系，而且能够展示军事实力，对潜在敌人实施心理威慑。俄军不仅在独联体、集安组织和上合组织框架内举行联演联训，还与中国、蒙古、印度、巴基斯坦、老挝、埃及等国家举行双边联演，既展示了本国的作战能力、军事理论和作战思想，同时也扩大了与传统友好国家的军事合作与交流，创造了良好的周边和国际安全环境。

一是独联体框架内的联演联训。独联体成员国之间有着共同的语言、文化传统及思维方式，一直是俄外交政策的重点和战略优先方向之一。俄与独联体国家例行性举行"战斗协作""联盟盾牌""协同"等以维和为主题的系列联演。随着军事合作领域的扩大，成员国之间成立联合防御体系，实现独联体空间安全系统及综合设施一体化。未来，独联体成员国之间将围绕统一防空系统进行联合实兵演习等。

二是集安组织框架内的联演联训。俄与集安组织成员国的军事合作非常密切，例行举行以维和为主题的联演，比如"边界""牢不可破的兄弟情""战斗兄弟情谊"和"斯拉夫兄弟情"等系列演习。各方参演部队指挥员通过演习交流维和经验，指挥机关也不断积累和提高指挥技能，部队获得实用性强的野战技能，各方维和力量的战斗协同能力、应对多种威胁的能力明显提升。"战斗兄弟情谊-2019"演习中，在集安组织部队集群编成内首次组建营战术群，把营战术群作为解决武装冲突和实施维和行动的基本战术单元，研究制止和消除边境武装冲突，实施反恐及维和行动。

三是上合组织框架内的联演联训。俄军例行组织以反恐为主题的上合组织框架内"和平使命"系列联演，主要以维护地区安全稳定为宗旨，演练打击"三股势力"。由于塔吉克斯坦与阿富汗接壤，其地理位置至关重要，来自该方向的威胁形势非常严峻，俄军特别关注中亚地区安全保障问题，该因素是确定联演反恐主题的关键因素，旨在防范来自阿富汗的安全威胁。

　　四是中俄系列联演。常态化、机制化的联演联训，是中俄两国军事互信和军事合作关系的重要体现。当前形势下，中俄两国关系提升到前所未有的新高度，军事合作的内容越来越丰富和深入。除例行"和平使命"和"海上联合"等演习外，中国军队还受俄军邀请参加"中部-2019""高加索-2020"战略演习。随着两军军事互信程度的逐步提升及俄军军事战略的调整，俄军更加注重扩大中俄双边联演联训的内涵。此前，俄军都是东道主，而2021年8月，俄军首次受邀参加中国军队举行的"西部·联合-2021"战略战役联演，成建制使用中方主战装备参演，双方共同使用中俄双语版指挥信息系统，体现了在战略战役和战术层面上的高度融合。此次演习进一步丰富了中俄联演的形式和内容，提升了两国的战略互信水平及两军的协同作战能力。

　　五是与印度、蒙古、巴基斯坦等传统友好国家之间的联演联训。俄与这些国家保持经常性的军事合作关系，定期进行联演联训，除了巩固传统友谊这个表面理由外，更大关注点放在推介本国武器装备上，为武器出售打开更多的突破口。与印度的"因陀罗"跨军种联演已逐渐成为两国军事合作的"亮点"；以流经蒙古和俄罗斯的"色楞格"河命名、象征友谊长存的"色楞格"联合反恐战术演习，每年在两国境内轮流举行；与巴基斯坦的"友谊"系列反恐联合战术演习，除了交流反恐经验、增加相互了解外，更重要的是巩固两军之间的友谊；与老挝的"拉罗斯"、与埃及的"友谊保卫者"反恐战术演习和"友谊之箭-2019"防空兵联合演习，主要目的之一是扩展双边军事合作，打击国际恐怖主义。自2015年起，俄埃两国海军举行"友谊之桥"海上联演。"友谊之桥-2021"实兵演习于2021年12月在地中海海域举行，通过演习，双方均获得了珍贵的作战经验，巩固和发展了两国海军之间的军事合作，提升了共同维护地区安全和稳定的行动能力。

四、围绕军队战斗力生成需求实施国际联演联训

俄军认为，国际联演联训应充分体现现代复杂条件下多国军队各种兵力兵器联合完成作战任务的作战思想和指挥艺术，必须遵循著名军事家苏沃洛夫提出的"演习中艰苦，战斗中轻松"的训练原则，务实、有针对性地进行联演联训。

一是严格按"最大限度接近实战"的要求设计演练背景。提供陌生的演练环境，模拟和设置最真实、最复杂的战场环境，演习靶场完全按野战化场景设计，没有固定建筑；针对真实战争不确定性的特点，随时调整战法、战术动作、演练细节。俄军还根据实战标准组建假想敌部队进行对抗。

二是通过战术级国际联演联训研究和设计本国作战行动。随着军事战略及军事思想的变化，俄军不断增加战术级国际联演联训的比例。在演习脚本的设计上，趋向具体细节的演练。设计在某个战略方向上小规模的作战行动，演习课目划分得越来越细，强调战术细节的演练，以战术级演习达成战略目的。

三是针对新质战斗力及新装备进行专项国际联演联训。国际联演联训是俄军检验新兵力兵器的重要平台，通过高强度演训活动，力图争取未来战场优势。每次组织国际联演联训，俄军有针对性地设计演习课题，或检验新装备运行状况，或检验演习指挥机关的指挥能力等。比如，"高加索-2020"战略演习检验了首次投入的无人机部队作战情况。此外，国际军事比赛也已成为俄军新式装备的试验场，每次比赛结束后俄军都要制定相关技术装备改进方案以弥补不足。

四是注重跨区及跨国联演联训。俄罗斯复杂的地理条件和地缘战略环境，促使其突出跨区及跨国机动的演练，提高远程机动作战能力，做好应对各种军事危险的准备，体现其综合性远程机动和"全境到达"的应急作战思想。因此，俄军大规模国际联演联训参演兵种多，机动

距离长。通过远程跨区机动，提升跨区机动演练强度和力度，通过空中、海上或铁路将部队投送至预定方向或其他战区陌生地域进行跨区联合演练，提高各级部队在陌生地域的作战适应能力，加强各级指挥员在陌生地形、气象和作战环境下的指挥能力和组织协调能力。"东方-2018"演习的主要目的之一就是检验指挥机关在计划和实施部队远距离重新部署兵力，组织陆、海、空等各军种之间协同的准备程度。演习在俄境内多个靶场举行，俄军采用联合方法将部队远距离（近7000千米）投送至陌生训练场，舰队部队集群航行近4000海里。

五是通过演习推广新的作战方法。为提升军队遂行多样化任务的能力，俄军重视依托演习研练新战法，不拘泥于形式、不固守于套路，注重简单实用，追求实战效果，并及时将创新成果固化为作战条令和行动规范。在"东方-2018"演习中，俄军大力推广在叙利亚战争中总结出的新战法，如"叙利亚胸墙"[1]、"坦克回旋"[2]和"火力交叉"[3]等战法。在"中部-2019"演习中，借鉴叙利亚战争经验，成立综合防空系统及电子战系统，研究"空中回旋"新战法，研究如何密集使用无人机、如何指挥位于国内各部（分）队及联合跨军种部队集群的问题、如何使部队充分应对适应现代各种威胁等。"战斗兄弟情谊-2018"联

---

[1] "叙利亚胸墙"战法：坦克不停地沿工程兵构筑的胸墙（带孔的土墙或沙墙）行进，当到达射击"窗口"时实施射击，射完1发迅速藏于墙后，而后，车长根据实际情况选择下次射击的"窗口"，制造己方坦克数量很多的假象以迷惑敌人。

[2] "坦克回旋"战法：坦克在以连为单位对敌射击时，一个坦克排对已发现的敌人实施急速射击或集中射击，另一个坦克排实施回旋机动并寻找新的目标，第三个坦克排在待命区准备接替第一个坦克排行动。俄军形象地将"坦克回旋"战法比作左轮手枪，只不过取代子弹的是坦克的炮弹。兵力较少时，该战法可以排为单位，3辆坦克轮换实施；兵力较多时，可以营为单位，各连轮换实施。

[3] "火力交叉"战法：坦克依次从两个相邻掩体后射击，在1个掩体停留不超过3～5秒。战术动作为：进入掩体、射击、倒车、快速转移至相邻掩体。运用该战法，使敌反坦克火器无法及时有效组织反击。坦克可两车一组行动，交替变换位置，队形变换过程中也可以打乱顺序。

合战役战略演习同样使用了俄空军在叙利亚战争中获得的作战经验。"高加索-2020"演习研究了在现代冲突异常复杂情况下跨军种部队集群行动的新方法。2021年9月10日至16日，俄罗斯与白俄罗斯举行的"西方-2021"战略演习（集安组织及上合组织成员国部分国家参演），基于现代战争及武装冲突的特点，充分考虑两国领土遭受极端分子突然袭击的潜在威胁，在此基础上制定演习脚本，借鉴叙利亚战争及亚美尼亚与阿塞拜疆纳卡冲突经验，用防空系统来隐蔽保护地面目标，防止遭受敌方无人机打击；大量使用如作战机器人等新式装备和信息化技术，演习首次使用"天王星-9"无人战斗机器人，在3000～5000米的距离上压制假想敌的有生力量和装甲目标。这种行动具有联合性质，展示了在军队员额缩减的情况下部队的战斗力，展示了先进的自动化系统、无人平台及飞行器。

五、依托海外军事基地实施国际联演联训

俄罗斯独特的民族性格决定了其对海外利益的渴望。依托海外基地驻军及与所在国军队实施联演联训，既可维护自身海外利益，扩大海外军事存在，也可保持与基地所在国之间的军事合作关系。

一是依托驻塔吉克斯坦第201军事基地进行联演联训。该基地位于独联体最南端，战略位置非常重要，是独联体集体安全的重要保障，是俄军在海外的一张名片，也是俄在中亚地区军事和地缘政治存在的重要组成部分。其主要任务是打击阿富汗恐怖组织，保证俄军事、政治环境的稳定及巩固其在中亚地区的国家利益。俄军借助该基地组织塔军参加各种规模的联演联训，双方军人在各层级编成内履行保卫国家边境地区安全的任务。俄借助联演联训既培训了本国合同制军人，也为塔方培训了军人，达成双赢目的。

二是依托驻亚美尼亚第102军事基地进行联演联训。该基地战略地位非常重要，是俄在南部战略方向的警戒前哨，彰显了俄在高加索

地区强大的控制能力，其主要任务是既保证俄罗斯安全，同时保证能够抗击来自俄南部方向的可能威胁。俄亚两军陆军成立了联合部队集群，进行各种规模的联演联训，演练部队训练的新方法，提升联合行动能力。

三是依托驻吉尔吉斯斯坦坎特空军基地进行联演联训。该基地是集安组织快速反应力量在中亚地区的重要组成部分，其主要任务是保障集安组织成员国的空中安全。普京总统指出，对于恐怖分子和极端分子来说，该基地是非常好的遏制要素。俄航空兵可以利用该基地复杂的山地地形进行训练，弥补俄陆军不能有效打击国际犯罪团伙和毒品犯罪的不足。俄吉两军依托该基地进行的联演联训，大大提高了双方的作战技能。

四是依托其他海外基地组织联演联训。例如，俄军驻阿布哈兹第 7合成军事基地，具有独一无二的地形条件，可为提高受训部队战斗技能创造各种作战环境。驻南奥塞梯第 4 合成军事基地，为捍卫南奥塞梯主权、保障其和平发展起着非常重要的作用。驻地俄军利用包括无人机、战车、炮兵武器等各种武器装备，研究在山地多林条件下实施战斗行动、组织和保持协同等问题。该基地与驻阿布哈兹第 7 合成军事基地和驻亚美尼亚第 102 军事基地共同履行保卫地区安全的任务，切断地缘政治敌人进入高加索地区从事破坏活动的途径，消除地区军事威胁。

六、不断扩大联演联训的国家范围

在保持与传统友好国家举行联合演习的同时，俄军逐步增加与其他国家的军队之间的联合演习。演习范围、区域的扩大，内容、科目的深化，既增加了俄与相关国家军队之间的协同互信，又为俄军提供了更多了解他国军队建设与发展情况的良好契机。

俄罗斯与印度之间的"印德拉"系列演习。如2016年9月，俄东部军区陆军摩步连、坦克连、迫击炮连、榴弹自行火炮连等参加了"印德拉-2016"演习。在演习中，俄陆军重点展示了新式武器装备的技战术性能和实战运用效果，扩大了俄制装备的国际影响力。

俄罗斯与蒙古之间的"色楞格"系列联合反恐演习。如"色楞格-2019"是俄蒙的第11次年度联合军事演习，双方参演部队演练了迫击炮与火箭炮射击、武装直升机反地面装甲目标、步兵与装甲车辆协同作战等课目，重点交流、分享了反恐作战经验。

俄罗斯与巴基斯坦之间的"友谊"系列联合军演。2016年9月，俄、巴两国首次举行了代号为"友谊-2016"的联合军事演习，演习地点位于巴基斯坦的一个特种部队训练中心，俄方山地步兵旅的70多名军人及指挥机关参谋参演。演习过程中，俄、巴陆军分队之间相互展示了在城市及山地多林地形条件下协同行动，实施反恐特战、清除非法武装组织等方面的经验。

在国际联合军事演习中，一方面，俄陆军可以借鉴其他国家武装力量的宝贵经验与有益做法，剖析其军事训练及作战思想的精髓，深入探索新形势下联合训练中陆军面对的新矛盾和新问题，梳理并解决陆军在国际联合军事演习中暴露出的矛盾和问题，进而促进陆军战斗力的有效提升；另一方面，充分展示俄陆军整体的军事素养，扩大其在国际舞台上的知名度、影响力，为提升武装力量整体实力奠定基础。

七、通过国际联演联训检验陆军综合能力

国际联演联训已经成为俄军检验新的作战理论、验证新型武器装备技战术性能、提高战备与联合训练水平的重要手段。俄陆军组织和参与的联合训练、联合演习目的明确，演训内容与课题设置具有较强的针对性、指向性，或为验证新式武器装备的性能，或为检验指挥机关的指挥控制能力和部队的整体作战能力，或为探索新的作战理论、演

练新的战法训法等。比如，"西部-2013"战略演习注重检验陆军自动化指挥系统的运行状况。演习期间，在"统一的信息空间"内，俄白两国陆军自动化指挥系统顺利实现对接，两国国防部部长对俄白联盟地区性联合军队集群实施了高效统一的指挥与远程导调，重点检验了俄白联合作战指挥能力及国土防御体制的运行效能。在此次战略演习中，俄陆军使用了"金合欢-M""星座-2M"等新型自动化指挥系统，导演部在俄白境内五个靶场构建了数字化野战局域网，并按分布式及多维战场原则配置打击、侦察、保障兵力兵器，对新型自动化指挥系统进行实战检验。2015年8月25日至28日，集安组织快速反应部队举行了"协作-2015"联合演习。演习的主要目的是完善指挥员和司令部在联合战役准备过程中的工作技能，检验新的自动化指挥系统运行状况，提高部队野战技能、空中作战技能，以及提升战备水平。演习主要针对的是未来形成针对集安组织集体行动反应部队统一的指挥系统，保障在局部冲突中有效完成制止并抗击可能的武装入侵任务。同时，演习组织者形成假想敌的军事政治及战略环境，以完成下列训练任务：评价集体安全威胁，为集安委员会定下集体安全条约组织战役反应集体力量使用决心提供建议，稳定集体安全地区的环境及领土完整，消除武装冲突，等等。

在"东方-2022"演习中，为保证演习顺利实施，俄陆军广泛使用现代化、远景看好的各种类型的武器装备，借此检验其性能。一是使用现代化的电子战系统。为确保演习顺利实施，东部军区的电子战分队广泛使用能够掩护部队（兵力）和军事基础设施免遭假想敌空中雷达侦察和航空兵瞄准攻击的"克拉苏哈"电子战系统。特别注重保护野战指挥所、防空系统和兵团的安全。在战术指挥层面，使用"鲍里索格列布斯克-2"电子战系统。同时，使用"海底动物""小树林"电子战设备，掩护部队集群，使其免遭假想敌无线电遥控地雷爆炸装置的攻击。二是充分发挥常规武器的功效。现代武装冲突的经验表明，导弹部队和火炮在火力杀伤上的优势，仍然是对敌火力杀伤的首要因素。在谢尔盖耶夫斯基训练场，使用"龙卷风-G"多管火箭炮系统消灭"动物园-1M"反炮兵连作战雷达站发现的目标。同时，广泛使用无人机。三是全面展开战略级野战通信系统。为保障顺利指挥部队机动集群，俄军在演习区域展开了所需数量的高速、数字化无线电电流和防御性好的卫星通信信道，部署了60多个野战通信枢纽和移动式指挥所，以及长达2500千米的通信网，展开野战通信系统，使用现代数字通信设备确保信息交换，充分满足指挥机构对现代通信服务的需求。在统一的通信系统内，这些设备能够把所有的部队指挥所连接到统一的信息空间之中。现代化的移动式指挥所可以确保实施安全可靠的视频会议、各种电话通信联络及实时传输大量信息，使自动化指挥系统充分发挥功能。在部队实兵行动推演过程中，为保证稳定及隐蔽的指挥，使用新一代即第六代无线电通信设备。这些设备与空中中继器结合使用，为合成兵团分队实施高度灵活的战斗行动提供可靠、隐蔽的无线电通信保障。

第五节　引入比赛机制，以赛促训

为快速提升部队训练、战备水平，找准己方部队在世界军队战斗力坐标系中的精确坐标，俄军创新训练模式，引入比武竞赛机制，以赛促训、以赛促建。无论是军内比赛，还是国际军事竞赛，都具有非常明确的方向性、目的性，是部队作战能力的检验场、战术战法的练兵场和武器装备的试验场。通过比武竞赛，能最大限度地激发广大官兵训练的主动性、积极性及作战潜能，在竞争中增强其使命意识及战斗精神，提升实战条件下部队的训练水平和备战打仗能力；能加强全社会对军人地位、价值的认同，凝聚民族精神，激发爱国热情，培育全民国防意识。此外，还有助于开阔国际视野，创新发展理念，扩大对外交流，深化军事合作，增进友谊。

一、军内比赛推动军事训练质量的提升

军队内部组织的比赛，是激活广大官兵军事训练动力、提高军事技能的主要形式。自2013年夏训期开始，俄陆军开始积极组织和参加各类单兵体能比赛、专业军事技能比赛及坦克"两项"等活动，并形成常态化机制。同时，大力表彰比赛成绩优异的个人和集体，力求通过比武竞赛达到"以赛促练""以赛促建"，提高官兵军事技能和部队实战能力的目的。2013年8月初，俄陆军举行了独立建军以来的首次坦克驾驶和射击大比武，即坦克"现代两项比赛"。2013年11月，东部军区举行了首次"最佳炮手"比武。在总结2013年比武竞赛经验的基础上，俄陆军不断扩大比赛的范围和规模，以激发训练热情、交流训练经验、提升训练水平、完善训练大纲。2014年，俄陆军首次举行了步战车比武竞赛。2016年6月，俄军在东部军区哈巴罗夫斯克训练场组织了全军狙击分队比赛。俄陆军依据军事训练大纲制定了详细的比赛指导性文件，规范比赛条件，明确规定各类比赛必须根据相应的军事专业训练大纲标准实施，力争使比赛标准与训练标准最大限度地保持一致。在举行各类比武竞赛活动中，俄陆军始终着眼于人与武器装备的有机结合，营造贴近实战环境的比赛氛围，重在客观展现参赛队伍及个人真实的训练水平。近年来，俄陆军通过积极组织和参加全军规模的各类比赛，切实提高了部队的战斗力水平，为参加国际军事比赛选拔出不少训练尖子。

二、国际军事比赛全面展示实力

开放融合是当今世界发展的主基调，在军事领域同样也不例外。建设世界一流军队，就要经常与强手过招、与强手对垒，务实推动与世界各国军队之间的交流合作。俄陆军认为，国际军事比赛是衡量军事训练质量是否达到世界水平的有效手段，是在国际军事舞台上展示实力、扩大军队影响力的重要平台，也是学习外军军事训练先进理念、有益做法的重要契机。通过积极举办和参加国际军事比赛，一方面，有助于深化俄与相关国家之间的军事交流合作，增进军事互信和友谊；另一方面，有助于提升备战打仗能力。俄陆军注重在实战条件下的比赛环境中向对手学习，锤炼队伍；通过场上与外军同台竞技、比拼碰撞和场下密切交往、广泛交流查问题、找差距，磨砺提高部队战斗力。此外，在国际军事比赛中，俄制武器装备在贴近实战的复杂战场环境和高强度的对抗下展示出的良好技战术性能，起到了强大的直接广告效应，极大促进了俄对外军售。在"国际军事比赛-2018"落下帷幕之际，俄罗斯国防部部长绍伊古在接受记者采访时说："我无法确认国际军事比赛对军品出口的影响有多大，但近3年来，俄制武器装备出口量年均增长11%。"自2013年俄首次举办坦克"两项"竞赛以来，此项国际军事比赛逐步形成常态化机制，成为具有很高知名度和重要影响力的开放型国际军事交流合作平台，比赛项目、比赛场地、参赛国家数量不断增加。"国际军事比赛-2018"共有4723名军人组成的189支参赛队参加，动用了1064件（部、台）武器和专业技术装备、70架飞行器，在俄罗斯、中国、白俄罗斯、哈萨克斯坦等7个国家的23个比赛场地共同完成了"晴空""苏沃洛夫突击""安全路线""军械能手""狙击边界"及坦克"两项"等28个项目的比赛，吸引了85万余名观众到场观赛，超过7000万人通过电视转播观看了比赛。

2020年以来，尽管新型冠状病毒感染疫情在全球范围内持续蔓延，但俄陆军并未降低训练标准，各兵种部队仍按计划进行训练，不断提升作战技能，全力备战国际军事比赛。2021年6月前，坦克兵、摩步兵和侦察兵、炮兵和防空兵分四个阶段举行了军事技能比赛，以选拔"国际军事比赛-2021"的参赛队员。据俄军官方媒体报道，在备赛期间俄工程兵部队按计划组织"开阔水域""安全路线""工程方程赛"等比赛项目的全军选拔赛，力争选出最优秀的团队参加国际军事比赛。"国际军事比赛-2021"从2021年8月23日开始，至2021年9月4日结束，来自42个国家和地区的277支参赛队就34个比赛项目展开角逐，较以往新增了侦察兵"战术射击""子午线"军事测绘专业赛和"军队文化"创意竞赛三个项目。此次国际军事比赛在俄罗斯、中国、白俄罗斯、伊朗等12个国家境内举行，参赛人数逾6000人。每次比赛，俄陆军都会专门组成评估组，对比赛过程及结果进行评估，并及时更新竞赛大纲内容，将成熟的经验写入军事训练大纲之中。

特别值得关注的是，俄罗斯对乌克兰的特别军事行动并未影响俄军的总体训练规划，照常举办了"国际军事比赛-2022"，通过比赛继续展示俄陆军的战斗力，向外界发出一个明显的信号，即俄军实力是强大的，在外交上也不是孤立的。2022年7月6日，在"国际军事比赛-2022"最后一次筹备会议上，俄军指出，来自37个国家的275支参赛队参加34个比赛项目，比赛在12个国家进行，卢旺达和尼日尔首次参赛。同时着重强调参赛国家的人口数量和领土面积超过全球总人口数量和所有国家领土总面积的一半。

第六节　着眼部队实际需求，依托院校培养军事训练人才

军事训练人才的素质决定受训者的素质，直接影响部队的整体作战能力。俄陆军重视发挥院校职业军事教育的作用，对各类军事专业人

员进行有针对性的培训、进修和复训，通过多种职业训练和军事职业教育渠道，借力地方军事训练资源，着力培养适应陆军部队需求的人才。

一、军事院校以实战训练需求为基本遵循构建教学内容体系

俄陆军院校以部队需求为基本教育目标，以适应部队实战训练需求为基本遵循，着力培养打赢未来局部战争及武装冲突所需的军事人才。随着部队编成合成化程度、新式武器装备综合化趋势的不断提高，以及新战争形态、新作战方法的不断出现，陆军院校注重培养和拓宽学员的知识面，构建符合学员能力生成及部队实际所需的教学内容体系。

一是动态、及时更新教学大纲。教学大纲是军事院校组织与实施军事教育的最基本遵循。俄陆军院校的教学大纲随着武装力量"新面貌"改革重点的调整而不断变化，使院校人才培养的目标符合军队及国家建设的总体规划。自2013年9月起，俄陆军院校开始启用新的教学大纲。新大纲注重突出教学过程的实践性，强化学员综合素质的培养。相应地，其教学重点也发生变化，转向突出塑造学员的领导能力，逐步提高学员的实际操作能力，使学员掌握遂行战斗行动的前沿方式、方法，掌握远景武器装备的操作方法及现代条件下军事对抗手段等。同时注重将新装备优先配备院校并同步配备模拟训练器材。随着现代化武器及军事技术装备的不断配备，要求培养学员具备熟练操作能力，掌握遂行各种战斗行动的方式、方法，在"对抗"中真正提高实战技能。如在米哈伊洛夫斯基军事炮兵学院，为培养"伊斯坎德尔"导弹发射人才，专门配备配套器材，学员可以利用训练器材顺利完成训练任务。

二是将教材编写严谨性摆在首位。为提高教材的科学性、准确性及实用性，确保学员能够将知识转化为能力，俄陆军院校对教材内容的审查把关十分严格。陆军明确规定，任何新的作战理论、新的作战方法，不经过演习论证、计算机推演和实战检验都不得写入教材；未经论证、

检验的新理论、新知识，教员只能以讲座的形式介绍给学员，绝对不能列入教材。此种做法的目的在于，使学员所学知识与部队军事训练的实际需求最大限度地达成一致。教学内容、部队实际需求、部队训练大纲三者之间形成闭合链路，相互补充、相互促进，有效促进学员战斗力的迅速提升。

三是课程设置突出实践性。俄军事院校以满足学员任职需要为遵循，着力培养具有合成意识、务实精神、指技合一、训战一致的高素质、高水平军事人才。近年来，随着教学改革的深入开展，俄军各院校在课程设置上大幅提高实践课程的比例。在武装力量诸兵种合成军事学院，除理论课程讲授外，依托计算机、模拟训练器材和外场的实装兵器，设置大量贴近部队实际的实践课，大力培养学员的操作能力、指挥能力和领导能力。在总参军事学院，在 10 个月的培训期内，学员实践课程的时间占整个教学时间的 53%，其具体学习科目兼顾操作性训练与理论性总结。如战役想定、战役即题作业、首长-司令部兵棋推演、情景推演等强调实践能力的培养，而撰写论文则重点考查学员的理论素养。同时，在总参军事学院为期 6 个月的进修中，集团军司令员或副司令员级别的军官，其实践科目所占的比重更高，占整个教学时间的 57%。自 2012 年启用第三代国家教育标准后，俄军院校的教学理念做出相应调整，在教学大纲中增加了"领导能力教程"，突出学员领导能力的培养。在教学内容上，新增信息安全、前沿信息技术、无人机等课程。新的军区组建后，军区司令部作为联合战略司令部，平时，担负辖区内的国土防御任务，组织所属陆军、海军、空天军部队开展联合训练；战时，作为战略方向上的联合作战指挥机构，负责直接隶属、作战隶属和专门隶属的各军兵种部队的联合作战和保障，并对辖区内内卫部队、边防部队及紧急情况部、联邦安全局等所属部队实施统一指挥。据此，总参军事学院的培训重点也发生了变化，由以往主要培养军兵种高级指挥军官调整为培养跨军种部队集群指挥军官。同时，把培养和提高学员的领导能力和指挥能力摆在突出位置。此外，自 2014 年国家防务指挥中心投入使用以来，总参军事学院还着力培养国家防务指挥中心所急需的、掌握专业技能的高级军事人才。

四是教学内容强调针对性。俄陆军院校的教学内容具有很强的针对性，主要体现在以下几个方面：首先，突出外军研究。俄陆军院校投入大量人力、物力，注重加强对以美国为首的"北约"的军事战略、军事理论、武装力量建设与运用、武器装备发展等的研究，并将相关成果运用于教学、作业和演习之中。比如，当前形势下，战略威慑问题是必须研究的课题。俄军规定，将该课题列入陆军所属军事院校的教学大纲中，使毕业学员对战略威慑问题有一个比较全面的概念，能够计划、组织和实施应对举措。其次，突出经验教训总结。注重分析总结俄军在各场局部战争中作战指挥、军兵种运用、物资技术保障等方面的经验教训，并运用于教学中。近年来外国作战经验，如海湾战争、阿富汗战争等；国内作战经验，如车臣战争、俄格战争、乌克兰危机、叙利亚军事行动等，是俄陆军院校必须研究的战例。俄军还采取"请进来"的方式，即邀请战争的亲历者到院校讲授军事行动的经验教训，或是直接将其调入院校工作；同时还会"派出去"，即将院校的行政军官和教员派到作战一线亲身经历，然后将经验教训融入课堂，增强教学内容的鲜活性和实践性。再次，突出程序标准。在战役战术理论课程中，无论是战役战术概则、攻防理论，还是军兵种作战运用及司令部、后勤、装备等各部门工作，特点、原则性的内容讲得少，程序、方法性的东西讲得多，重点突出可操作性强、程序化高的"怎么做"环节，主要解决指挥员"怎么当""怎么干"的实际问题，使学员能熟练掌握作战组织与实施的基本流程。最后，突出作战计算和量化标准。无论是在理论讲授、想定作业，还是实操教学中，俄陆军院校都重数据、精计算，注重将方法论和战役、战术计算贯穿于教学始终，注重养成学员良好的思维和定量分析习惯。如兵力兵器对比、作战能力评估、战斗指数换算、弹药消耗、摩托小时等都需要计算，都需要用数字说话。各种计算数据是指挥员分析判断情况、定下作战决策、分配作战任务、组织协同保障的基本依据。军事院校不仅开设专门的方法论课程，而且在每门课程中都安排组织指挥程序和计算方法的理论讲授和实际作业。

五是借助军事院校强化军官职业训练。此种方法是各级军事指挥机关普遍采取的训练及教育措施，目的在于提高军官履行职责的素养、专业技能等。进入总参军事学院学习是军官职业训练的一种形式，按军事职业教育大纲规定施训。在基本理论方面，主要学习国家安全战略、军事战略、俄联邦军事学说等具有法律效力和极高学术价值的文件。如在军事战略课程中，关于"世界各地区的战略评估"专题通常以讲座形式对世界上重点地区进行战略评估。其结论通常包括几个关键部分，即在该地区适合进行什么规模的军事行动、适合部署什么样的兵力兵器，以及地理环境和气候条件对作战行动会产生什么样的影响等。在具体课程方面，围绕国家军事安全专业的培训目标，设置了国家安全、军事战略、军事与武装力量建设、军事经济、战役法及部队指挥6门课程。这些课程既涵盖平时的军事建设、运用非军事手段保证国家安全等方面的问题，又包括战时部队军事行动的实施及指挥等内容。

二、贯穿军事院校训练全程培养实战能力

实践是巩固院校所学知识的有效途径。俄陆军院校采用各种教学方法将课堂所学知识与部队训练实践紧密结合，力争使理论知识尽快转化为实战能力。

一是院校平时训练以部队训练流程为基本模板。如在以班组（群）为单位进行的分组练习中，组训者主要考查学员收集信息、判断情况、定下决心及向所属人员下达战斗任务的能力，考查一整套指挥流程。

组织司令部训练时，培养受训者侦察、搜集及整理获取的信息、作战计算的能力，以及为指挥员提出决心建议的能力等。同时，在训练中还注重提高司令部组织筹划行动、作战保障及各级部队、人员之间协同的能力。院校学习训练还注重提高指挥员及其指挥机关组织指挥行动的能力和整体作战能力。

二是按教学计划到部队实习。组织毕业学员到部队实习是俄陆军院校的普遍做法。这种做法可以有效检验学员对所学知识的掌握程度，是否适应部队实际需求，理论教学与实战需求之间的差距到底有多大等。比如，武装力量诸兵种合成军事学院（陆军教学科研中心）及其分校、米哈伊洛夫斯基军事炮兵学院等院校的学员在毕业前的最后一个学期，必须到部队实习。学员被派往各军区部队，履行相关岗位的职责，参加实战条件下的训练。在真实的野战条件下，学员在与其他人员协同工作的过程中，不断完善指挥分队、组织战斗训练作业、提高在组织部队日常工作及训练活动等方面的技能，从而达到在实践中巩固知识和提升实操技能的目的。依据所学专业的不同，学员的实习时间从2周到2个月不等。在"东方-2018"演习中，共有150名二年级的学员与50多名教员参加。演习过程中，学员在毕业后将从事的岗位上实习。在战术、战役-战术及战役-战略指挥层级上，学员全程参与作战准备和实施各个阶段指挥员工作的所有环节，近距离感受各级指挥员的职责。学员运用在一年级学到的理论知识和实践技能，在合成部队指挥员岗位上实习，组织和保持与各部（分）队、特种部队之间的密切协同，积累指挥经验、提高指挥能力。

三是通过组织校际联合演习巩固课堂理论知识。为巩固理论知识，俄军各院校定期组织校际联合演习。通过演习，达到了相互交流、相互提高的目的。2016年4月，驻圣彼得堡的物资技术保障军事学院、米哈伊洛夫斯基军事炮兵学院、军事通信学院、军事太空学院和军事医学院五所军事院校的1500多名学员参加了为期3天的综合实践性演练，学员按统一的作战企图实施综合实践性作业。作业主题是在诸兵种合成防御战役中组织军兵种间协同。演习参加者能够在实践过程中研究物资技术保障分队、通信部队、导弹部队和炮兵、侦察和医疗保障分队的武器装备、特种技术装备的战斗能力。该综合实践性作业的最后阶段是在卢加训练场举行的跨军种军事演习。各学院抽调教员组成演习导演部，组织学员的联合行动。按照演习脚本，受训者侦察假想进攻之敌的战斗队形，用各种炮兵火力对其进行压制，为己方部队转入反攻创造条件。据演习导演部评价，学员顺利完成了既定战斗任务，综合评定成绩为"良好"，更为重要的是他们通过演习获得了组织跨军种部队协同的实践经验。

四是利用军事训练中心（基地）开展实战技能训练。军事训练中心（基地）是开展实战技能训练的重要载体。俄陆军院校的学员利用各种类型军事训练中心的综合设备开展军事训练，旨在掌握基本的战斗技能，为以后在部队实施更高级别的军事训练奠定坚实基础。一方面，利用院校的军事训练中心（基地）实施军事训练。俄陆军院校通常建有综合性、多功能的训练基地，可进行多兵种合练和多样式、多课题的演训活动。基地配备坦克、步战车、自行火炮等多种射击武器，以及先进的通信模拟训练器材；建有专业训练场地，如火炮、坦克、步战车射击场，工程兵、三防兵及汽车兵专业训练场；等等。根据军事训练需要，还可以申请使用陆军航空兵基地。此外，训练基地还配备多种教练装备，用于保障学员的专业技术训练，提高专业技能。另一方面，利用部队的军事训练中心（基地）实施军事训练。俄陆军院校的实践性教学还可依托本军兵种和其他军兵种所属军事训练中心（基地）进行。跨军兵种使用各类训练中心（基地），为提高学员遂行联合作战任务的能力培养打下实践基础。近年来，俄军的现代化靶场都得到了院校的有效利用。2016 年 10 月，陆军院校的毕业生在东部军区训练基地进行了毕业考试。在为期 2 周的毕业考试中，学员使用坦克、步战车、防空系统、炮兵、高炮系统等各种平台实施检验性射击考试、战车驾驶考试及其他各种战斗训练科目的考查。此类考试目的在于为部队培养初级指挥和训练人才打下坚实基础。

五是严格执行院校培养与部队考核分离制度。俄国防部抽调陆军司令部和各兵种部队相关人员组成权威考核委员会，对陆军各院校毕业生组织国家考试。考核分为两个部分：一是考核学员综合素养。考核委员会进行跨学科考试，在理论考试的基础上，更加强调对学员综合能力的考核。如考核学员应对陆上复杂战场环境的能力，考核学员对最新列装的武器和军事技术装备性能的掌握和使用情况，考核学员作为分队指挥员能否有效管理分队、指挥战斗、组织协同等。这种考核具有一定的实战性和很强的客观性，能有效检验学员将所学理论知识应用于作战行动实践的效果。基于这种考核方式，陆军院校能够最大限度地培养符合未来战争需求的人才。二是考核陆军院校培养质量。国家考试是从更高层面上检验院校人才培养整体质量的重要方式。俄陆军院校高度重视这种考核，将其视为年度重要的大项工作之一。通过考核，检验院校的教学计划、课程设置、教学内容、教学方法等是否符合武装力量改革整体规划，是否符合陆军建设对人才的需求，是否符合学员个体塑造的规律。考核的具体内容及考核委员会给出的结论，是院校下一步人才培养工作的重要指向。每年考核后，各院校专门进行考核总结，并把考核结果作为制订新年度教学计划、调整与改革教学内容的重要遵循，确保陆军院校的教学内容能够始终紧贴部队实际需求，经得起实战检验。

三、在武装力量"新面貌"改革框架内规划军事训练人才培养体系

俄陆军依据本军种院校在军队范围内的地位及作用的变化，科学构建军事训练人才培养体系，明确设计培养目标。目前，陆军依据对

军事训练人才的需求不断优化军事教育网，依托 7 所高等军事院校及 3 所大学前教育机构，通过多种渠道培训陆军需要的各类军事人才。

　　一是适应陆军人才培养需求，充分发挥陆军教学科研中心的作用。成立陆军教学科研中心是武装力量"新面貌"改革的一项重大举措。2009 年 11 月，在陆军最高学府——武装力量诸兵种合成军事学院的基础上，俄军把 13 所陆军、空降兵及国防部所属的军事院校整合为"陆军教学科研中心"。在职能定位上，陆军教学科研中心为多领域、兵种间的高等军事职业教育和研究机构，是俄陆军培养高级、中级指挥军官的高等军事学府，是研究合同作战及集团军作战行动的科研中心；同时，也为军队内部、其他部门及机关培训人员，以及为友好国家培训军事留学生。成立至今，陆军教学科研中心发挥了非常重要的作用。一方面，解决了本科学员、硕士研究生、博士研究生论文的选题问题。如果学员选择了相关题目，马上就可以被吸收到军事教学科研中心所属的科研院所兼职从事科研工作，从而有效地把教学和科研结合起来。另一方面，吸收从事科学研究的学者，作为学员的导师、硕士研究生论文的答辩委员会成员，可以按规定授课或做讲座。这种方法既提高了教育质量，又充分发挥了教学和科研人员的潜能，使教学、科研活动与部队实际需求融合为一体，有效避免了"学用两张皮"的现象。

　　二是基于陆军对高端军事训练人才需求组建科技连。科技连是武装力量军事科研领域内的中坚力量。2013 年 6 月，根据俄联邦总统命令，俄联邦武装力量出台许多举措，不断吸纳专家型的编程人员入伍，在武装力量范围内依托军事院校、科研机构、国防工业等分别组建科技连，其主要来源是毕业于地方高校、具有相应专业特长、有志于从事国防科研工作的优秀大学生。陆军科技连的活动主要分为三部分：一是为陆军总司令部研提有关包括陆军军事训练在内的各种新的思想；二是为国家防务指挥中心服务，开展应用性科学研究；三是为空降部队服务。其主要研究领域包括研发战斗机器人、计算机模拟战斗行动、综合系统和装备等。自成立以来，科技连针对陆军密切关注的现实问题进行了大量科研活动，科研成果达到军内的领先水平，提交了多项发明专利申请及合理化建议，并发表了很多应用价值很高的学术文章。依据俄国防部部长绍伊古的计划，随着陆军对新式武器和军事技术装备需求的不断扩强，科技连的规模将不断扩大，其在俄陆军建设领域中的作用将进一步提高。按照俄国防部部长绍伊古的命令，在武装力量诸兵种合成军事学院、防空兵军事学院和米哈伊洛夫斯基军事炮兵学院成立了科技连。其具体活动包括论证陆军建设、发展及训练，武器装备发展、编成等内容。比如，隶属于陆军教学科研中心的科技连依托科研机构的教研室展开科研活动。科研机构根据人员专业特长，为其量身制定科研任务，并指定专门导师负责指导其开展具体科研任务。

三是依据军人职业化趋势成立职业军士学院。武装力量"新面貌"改革后，军人应征服役期限缩减为 1 年。自 2009 年起，缩减军官等级并取消准尉军衔，准尉的职能由合同制军士来履行。2010 年 3 月，时任总统梅德韦杰夫在国防部部务委员会扩大会议上强调，应特别关注军士的培训，军士应具备初级军官的能力。依据改革要求，原来许多军官岗位由职业军士来代替，未来军士比例提高至 70%，通过 10 ~ 12 年时间逐步为所有军士岗位配备高素质的军士。同时，俄陆军认为，随着作战行动性质及样式的不断变化，初级指挥员在未来军事行动中的作用越来越突出。在现代信息化战争中，指挥员充分发挥训练有素、善于使用现代化武器装备的职业军士的优势，是取得军事行动胜利的关键因素之一。依据 2012 年 5 月 7 日总统命令，国防部战斗训练总局采取一系列措施，逐步提高合同制军人的数量，不断优化完善训练网。为执行总统令，各军事院校在承担军官培训任务的同时，把职业军士的培养摆在非常重要的位置，在国防部军校系统内形成多层次的职业军士培训体系，即按中等职业教育大纲培训职业军士，学制为 2 年 10 个月。在梁赞空降兵高等指挥学院的基础上组建全新职业化军士学校，即军士培训中心。职业军士除掌握军事专业知识外，还获得中等职业教育文凭。他们具备很强的实战技能，能够操作高技术武器和军事技术装备，可在部队担任分队长（组长或排长）。随着改革进程的不断深入，改革之初的设计经历了一个纠错过程，部分政策有所调整。2013年，俄军恢复准尉制度，但这并未影响职业军士的培训。2016年，职业军士已经按合同补充到陆军各部（分）队。职业军士的培训得到了俄国防部部长绍伊古的高度重视。2016年6月，绍伊古在总结夏训期战斗训练特点时指出，应特别关注俄军诸军兵种初级人才的培养问题，使其能完成规定的单个人员训练指标。俄国防部战斗训练总局伊万·布瓦里采夫局长也指出，每年有大量现代化武器及军事技术装备列装到部队，这对初级人才特别是职业军士提出了新的需求，必须关注职业军士的培训问题。目前，俄陆军逐渐加大职业军士的培养力度，以更好地适应未来战争和武装冲突的需要。

四、依托地方高校培养军事人才是重要的补充渠道

依托地方高校培养军事人才是俄陆军军事训练的重要组成部分。俄陆军重视依托国民教育资源，借力地方高校教育资源，拓宽军事教育思路，实现地方高校资源与军事教育资源共享。

一是依托地方高校军事培训机构培养陆军预备役军官。在武装力量的建设与发展过程中，地方高校军事培训机构发挥了重要的补充作用。2017年，俄国防部提出必须改革地方高校现有军事教研室和训练中心，使其形成统一的军事培训整体。2018年3月，普京总统签署了第309号关于《完善联邦国家高等教育组织大学生军事训练》的联邦法律。该法律的主要思想是建立有效的公民军事教育体系，以及在大学所属的军事训练分支单位内成立最优的公民培训指挥系统。依据此法律，俄军成立了军事训练中心。这些新的机构将根据国家军事组织的需求，按照各类军事训练大纲培训人员。统一的军事训练结构具有很多优势。

第一，可以提升军事训练指导的有效性。军事训练中心可以保证合理使用训练物资器材基地来培训在部队服役所需的合同制军官人才，以及预备役军官、军士和义务兵。第二，保持现有军事训练大纲及职业教员队伍。所有这一切做法将真正提升大学生军事训练体系的质量。在地方高等院校设立军事教研室是俄军对大学生进行军事训练和培养预备役军官的重要举措，以此方法来形成军官的机动储备资源。2008年，俄军对地方大学的军事系和军事教研室进行整合，统一编成几类培训机构，即军事训练中心、军事培训系及独立的军事教研室。军事训练中心承担军事课程的教学，主要负责培养准现役军官，也就是担负对与部队签订服役合同的大学生实施人文和自然科学高等教育培训任务。根据合同规定，这些大学生毕业后在部队至少要服役3年。同时还规定，学员在没有设立军事训练中心的地方高校获得学位证书后，须在军事院校进行为期1年的补充职业教育，而后授予军衔。武装力量"新面貌"改革以来，由于军队对指挥人才的需求量急剧增加，地方大学毕业的军官数量明显不足。因此，俄军最大限度地利用地方高校军事教研室来培养军官。2011年，俄军批准的新的军官培训系统规划规定，60%的中尉在军校拿到毕业证书，40%的中尉军官接受地方高校培训，主要学习工程、技术等方面的知识，毕业后成为程序设计员、逻辑学人员等。

二是细化规范大学生军事训练。2015年，俄国防部正式下发了陆军总司令萨柳科夫大将签署的《地方高校大学生军事职业训练大纲》。训练大纲详细规定了大学生军事训练的具体内容，规范了地方高校军事教研室（军事培训系）在大学生培训方面的工作，为陆军摩步分队培训初级人才奠定了坚实的基础。为最大限度地保持军事训练的现实性、针对性、客观性及实用性，在制定军事训练大纲的过程中，俄陆军主要考虑以下几个要素：第一，诸兵种合成分队战斗训练的主要方向；第二，对训练任务内容及规模的基本要求；第三，陆军战斗条令的要求；第四，陆军部（分）队在局部战争及武装冲突中具体战斗行动及平时训练经验。同时，在军事训练过程中，按战斗力生成周期，分阶段、循序渐进组织军事训练，使大学生毕业后能在最短时间内适应部队训练实际。

三是发展大学前军事教育体系。俄罗斯人口少是俄军事院校生源获取面临的最严峻问题。鉴于此，俄陆军积极采取符合国情的手段补充生源，发展大学前军事教育体系。2013 年，俄国防部继续增加总统武备学校的数量，成立了秋明总统武备学校。2014 年，在远东地区的符拉迪沃斯托克（海参崴）和西伯利亚的克兹勒成立新的总统武备学校。此外，成立了完善的大学前教育组织，按照专门的训练大纲进行队列、火力准备、共同条令、战术等方面的训练，同时加强对青年人进行爱国主义教育和军事职业目标方面的教育。

四是成立"全俄青少年军事爱国主义社会运动"，即少年军，这是俄军各领域未来军事人才的重要储备库。其成立的目的非常明确，主要是提高军队在社会上的声望和威信，保持和发扬爱国主义传统，使青少年准备好履行国家义务、履行宪法规定的保卫国家的责任，培养青少年高尚的社会责任感、爱国主义精神，使其研究俄罗斯的历史遗产和军事历史遗产，激励和培养青少年服役的热情，引导青少年积极学习军事技术知识和进行技术创新。俄军规定，8 岁以上的青少年都可以加入该运动，当前该运动大约有 35 万名成员。俄罗斯 85 个联邦主体都有负责相关工作的部门。

附录1

2019 年俄联邦武装力量军政训练计划

一、教学法说明

军事政治训练（以下简称军政训练）是俄联邦武装力量（以下简称俄军）培养人员的主要科目之一，是对军人进行军政、爱国主义、精神道德、尚武及法律教育的最重要形式。在实施军政训练过程中，结合其他战斗训练科目的作业，使军人形成良好的精神道德状态，具备自我牺牲、勇于履行军人职责的心理能力。

依据俄军军政总局制订的训练计划，在部队各种训练活动中组织实施军政训练。

依据军政训练计划中的建议，以及分队战斗训练模块（进攻、防御、开进、执行特种任务）教学法说明中的意见，兵团和部队制订计划并组织实施军政训练。

为士兵和军士授课的主要方法是讲授和座谈。

实施军政训练作业过程中，应积极使用直观的参考材料，如视频、电影及其他技术影像设备。

为准备和实施历史专题方面的课程，建议使用部队现有的文献资料（其中包括回忆录或艺术类资料），以及军政机关依据战斗（战术）行动形式和方法的历史而编写的教学法方面的资料。

在直接培训部（分）队完成特种（反恐、维和及其他）任务阶段，深入研究军政训练课程特殊专题。在指定阶段，预先研究将要遂行任务的国家（地区）内军事政治环境、冲突原因、历史、国家政治和军事制度、法律、地理、民族风俗习惯、军人行为准则，以及国际人道法基本理论等方面的内容。

实施其他战斗训练科目课程，应运用历史事例。

在演习、野外实习，执行维和、反恐及其他特种任务，以及分队脱离常驻点的情况下，按照单独的计划，每周利用不少于 1 小时的时间来组织和实施军政训练。不实施军政训练时，战斗训练作业开始前，指挥员（首长）结合地区环境特点和任务性质，根据专门制定的主题，每天进行 15 ~ 20 分钟的军政、法律、军事技术及人员组成等方面的信息通报。

每个训练阶段结束时，组织检验性作业，在战斗训练登记簿中记录对每名军人的评价。

组织军政训练时，赋予兵团及部队指挥员下列权力：按照组织战斗训练的模块化原则制订军政训练计划；调整课题的研究顺序；可调整约 30% 的军政训练课程（作业）主题和内容；在训练大纲规定的每个训练月和每个训练阶段（训练年度）的时间标准条件下，调整授课天数和单个训练日（上午）的授课时间。

赋予营长如下权力：确定授课内容；按照军政训练主题调整列兵和军士训练问题研究的时间。

二、俄联邦武装力量兵团（部队）及其他组织机构军官军政训练计划

课题编号	课题名称	授课时间（小时）			
		职业岗位培训		军政训练	
		讲授	实践	讲授	实践
第一部分　国家及军队建设					
1	当今世界中的俄罗斯。 国家社会经济、政治及军事技术发展的主要方向。 2019 年度军官的训练任务。	2	—	2	—
2	俄联邦国情咨文。	—	—	2	
3	俄联邦宪法、俄联邦关于国家权力机关的结构及形成程序。 武装力量选举及军人参加选举过程的特点。	2		2	1
4	在前沿与国际恐怖主义斗争的武装力量。 极端主义和恐怖主义是俄罗斯国家安全的威胁。	2	1	—	
第二部分　爱国主义教育、俄罗斯历史					
5	俄联邦军事爱国主义教育体系。 军官对所属人员进行爱国主义教育的形式和方法。	—	—	2	1
6	俄罗斯军官团体的历史和传统。	1	1	—	
7	俄罗斯各军（兵）种分队战术行动形式和方法的发展史及其现实意义。	—	1	2	
8	1941—1945 年（1944 年）卫国战争时期的重要战役和行动。	1		2	
9	兵团和部队（舰艇）的作战方法。 战友们在保卫祖国战斗中的英勇功绩。	1	—	—	1

续表

课题编号	课题名称	授课时间（小时）			
		职业岗位培训		军政训练	
		讲授	实践	讲授	实践
	第三部分　军事教育学和心理学				
10	俄联邦武装力量军政工作体系：目的、任务、形式和方法。 完成战斗任务进程中组织军事政治工作的特点。	1	1	—	—
11	部队集体内部的冲突。 预防部（分）队中产生与军事条令不相符的相互关系的工作形式和方法。	—	—	2	—
12	对军人和军人集体进行心理研究的形式和方法。 团结军人集体。	2	—	—	—
13	战斗训练体系内军人爱国主义和军事教育心理教学法基本理论。	1	1	—	—
14	养成军人履职自觉性、责任心的心理教学法方面的基本理论。	—	—	1	1
	第四部分　法律培训				
15	指挥员和首长关于提高人员的财务知识、预防由于军人及其家庭成员因贷款而产生负面后果等方面工作的形式和方法。	2	1	—	—
16	俄联邦关于非法倒卖毒品、兴奋剂及其制毒原料等相关法律。 分队关于预防吸毒工作的形式和方法。	2	1	—	—
17	分队物资统计程序。 军人对物资应承担的责任。	—	—	1	1
	第五部分　国际人道主义法和人权				
18	国际人道主义法。 武装力量参加武装冲突及维和行动规则。 被禁止使用的作战行动手段和方法。	—	—	2	—
19	关于作战行动及维和行动参加者法律地位的国际法。	—	—	1	—

续表

课题编号	课题名称	授课时间（小时）			
		职业岗位培训		军政训练	
		讲授	实践	讲授	实践
20	一个训练阶段（训练年度）内的检验性（总结性）作业	2		2	
	机动	4		4	
	小计	30		30	
	年度总计	60			

三、俄军合同制士兵（水兵）、军士（大士）军政训练计划

课题编号	课题名称	时长（小时）		授课时间
		冬训期	夏训期	
	第一部分　俄罗斯国防与安全的宪法基础			
1	世界军事政治环境及俄联邦武装力量发展面临的迫切问题。单个人员保持战备状态、巩固部（分）队法律秩序及纪律等方面的任务。	2	2	训练周期开始时
2	俄联邦国家制度的宪法基础。俄联邦总统是国家元首、武装力量最高统帅。	2	—	
3	俄联邦武装力量军人履行选举权的特点。参加选举投票的程序。	—	2	投票前1个月
4	俄联邦国情咨文，以及国情咨文中涉及军事问题的人员的任务。	—	2	公布后1个月内
5	极端主义和恐怖主义是俄罗斯国家安全的主要威胁。抗击极端行为主要原则、方向及方法。承担打击极端主义的责任。	—	2	9月

课题编号	课题名称	时长（小时）		授课时间
		冬训期	夏训期	
第二部分　服兵役的法律基础及军人的地位				
6	俄联邦武装力量按合同制服役的法律基础。在士兵（水兵）、军士（大士）岗位上服役的合同制军人及其家庭成员的社会保障及补偿。	2	—	
7	俄罗斯关于宗教信仰自由的法律。信教军人实现宗教需求的特点。	—	2	
8	军人的法律责任。军人应对违反军事条令、逃避服役及具有腐败倾向的犯罪行为负责。	2	—	
9	个人财产管理。贷款类型。为业务部门及家庭采取措施，预防因贷款而产生的法律和道德心理方面的负面影响。	—	2	
10	俄联邦关于非法倒卖毒品、兴奋剂及其制毒原料等相关法律。	2	—	
11	作战行动实施过程中国际人道主义法准则。参加作战行动的俄联邦武装力量军人的行为准则。	—	2	
第三部分　俄罗斯军事历史				
12	9 世纪至 17 世纪为国家独立及领土完整而战斗的俄罗斯军队及俄罗斯国家部队。	2	—	
13	彼得一世军事改革，巩固俄罗斯国家体制。	2	—	
14	18 世纪：承载俄罗斯军人荣誉的世纪。苏沃洛夫大元帅及其制胜科学。	2	—	
15	19 世纪的战争和战役。	—	2	
16	1877—1878 年俄土战争中俄罗斯军队取得的光荣胜利。	—	2	
17	战争和革命年代（1914—1922 年）的俄罗斯。	—	2	
18	1941—1945 年（1944 年）卫国战争期间的最重要战役。	2	—	
19	1941—1945 年卫国战争期间苏维埃人民胜利的世界意义和历史意义。	—	2	4—5 月

续表

课题编号	课题名称	时长（小时）		授课时间
		冬训期	夏训期	
20	18世纪至20世纪俄罗斯陆军和海军初级军官服役的历史与传统。	—	2	
21	伟大的俄罗斯统帅、海军统帅、军事首长、军事学者及设计者。	2	—	
22	在前线与国际恐怖主义斗争的俄联邦武装力量。	—	2	
第四部分　服役的道德政治和心理基础				
23	忠于军人誓词、友谊和同志间关系是搞好军人集体团结的道德基础。	2	—	
24	纪律性和职业精神是军人个体最重要的素养。	—	2	
25	军人为完成既定任务在道德政治方面的准备程度和心理能力基础。	2	—	
26	军人之间相互关系的社会心理特点。化解人际间矛盾的方法。	2	—	
27	军人礼仪和交际文化。	—	2	
第五部分　爱国主义教育				
28	爱国主义是条令规定的军人的道德义务，是俄罗斯军队不可战胜的源泉。	2	—	
29	俄罗斯的国家象征。战斗荣誉和军人英勇行为的象征。	2	—	
30	俄联邦武装力量的传统及军人礼节。	2	—	
31	部队、兵团的作战方法。部队战友们的功绩。	—	2	
训练阶段小时总数		32	32	
训练周期（训练年度）内的检验性（总结性）作业		2	2	
机动		6	6	
按训练周期区分的小时数		40	40	
年度总小时数		80		

备注：1.本部分不包括按模块化原则实施战斗训练的陆军、空降兵及海军岸防部（分）队的士兵和军士。2.第7课题的课程由兵团负责信教战士工作的副指挥员负责实施。建制内副指挥员缺席时，建议由俄罗斯传统的宗教协会（俄罗斯东正教教堂、穆斯林中央宗教局、佛教传统桑加、犹太人团体协会）代表，按照单独的进度表，在所有训练阶段（训练年度），在每个训练组内完成授课。

四、应征服役军人军政训练课程训练计划

课题编号	课题名称	教学时长（小时）	
		讲授	实践
	第一部分　国家建设与军事建设	12	14
1	当代世界中的俄罗斯及其军事政策的主要优先方向。部队（舰艇）士兵（水兵）训练任务。	4	4
2	俄联邦国家体制及国家权力机构体系。	4	4
3	俄联邦总统是国家元首、武装力量最高统帅。	2	4
4	俄联邦武装力量。	2	2
	机动	2	
	第二部分　爱国主义教育、俄罗斯军事历史、军队传统及荣誉日	36	30
5	19 世纪的战争与战役。	2	4
6	英雄城和军人荣誉城是 1941—1945 年卫国战争期间人民和军队勇敢及坚定的象征。	4	4
7	18 世纪：承载俄罗斯军人荣誉的世纪。	4	4
8	1941—1945 年卫国战争期间的最重要战役。1941—1945 年卫国战争期间苏维埃人民胜利的世界意义和历史意义。	8	8
9	战争和革命年代（1914—1922 年）的俄罗斯。	6	—
10	俄联邦传统的宗教协会。俄罗斯军队与传统的宗教协会之间协同的历史和现实。	2	
11	9 世纪至 17 世纪为国家独立及领土完整而战斗的俄罗斯军队及俄罗斯国家的军队。	4	4
12	俄罗斯国家象征及军事象征的历史。	2	2
13	彼得一世的军事改革，巩固俄罗斯国家体制。	2	2
14	1877—1878 年俄土战争中俄罗斯军队取得的光荣胜利。	2	2
	机动	2	
	第三部分　服役的法律基础	10	2
15	军人的职责。	4	2

续表

课题编号	课题名称	教学时长（小时）	
		讲授	实践
16	俄罗斯关于宗教信仰自由的法律。 信教军人实现宗教需求的特点。	2	—
17	俄联邦武装力量应征服役的法律基础。 应征服役军人及其家庭成员的社会保障及补偿。	4	—
机动		2	
第四部分 服役的道德政治及心理基础		12	4
18	军人集体及军人行为准则。	4	—
19	现代战斗及其对军人心理的影响。	4	2
20	军人实施积极战斗行动的心理训练。	4	2
机动		2	
第五部分 训练及教育		16	2
21	保卫国家是俄罗斯每名公民的义务和责任。 自觉为国家服役的世界观、道德及精神基础。	2	2
22	军人礼仪及军人交际文化。	4	—
23	分队战斗训练过程及日常活动中，了解并严格执行安全措施。	4	—
24	纪律性是每名战士最重要的素质。	4	—
25	使用毒品和兴奋剂的社会后果和健康后果。 涉及非法倒卖毒品相关的违法行为，应承担法律责任和刑事责任。	2	—
机动		2	
第六部分 国际人道主义法和人权		6	
26	国际人道主义法的基本条款。	6	—
机动		2	
检验性作业		4	
总计		162	

备注：第10课题的课程由兵团负责信教战士工作的副指挥员负责实施。建制内副指挥员缺席时，建议由俄罗斯传统的宗教协会（俄罗斯东正教教堂、穆斯林中央宗教局、佛教传统桑加、犹太人团体协会）代表，按照单独的进度表，在所有训练阶段（训练年度），在每个连（营）及相当级别的分队内完成这项课程。

附录2

2023 年俄联邦武装力量军政训练计划

一、俄联邦武装力量兵团、部队及其他组织机构军官军政训练计划

课题编号	课题名称	学时（小时）	
		职业岗位培训	自习
第一部分　国家及军队建设			
1	当今世界中的俄罗斯。 国家社会经济、政治及军事技术发展主要方向。 2023 训练年度军官的任务。	2	1
2	俄联邦国情咨文。	1	1
3	俄联邦选举的组织和实施。 军人参加俄罗斯联邦主体领导人、俄联邦主体国家权力机关和地方自治机关代表选举的特点。	1	1
4	应对俄联邦武装力量中的极端主义和恐怖主义意识形态。	1	1

续表

课题编号	课题名称	学时（小时）	
		职业岗位培训	自习
5	在俄联邦武装力量中，现代社会政治环境下（考虑到乌克兰特别军事行动的经验）的军事政治工作。	1	1
	小计	6	5
	第二部分　爱国主义和精神道德教育、俄罗斯历史		
6	军官集体为国家服务。	—	1
7	俄联邦国防部对青年进行军事爱国主义教育的主要活动方向。	1	1
8	1941—1945 年卫国战争胜利的世界意义和历史意义。卫国战争中的著名战役。	1	2
9	俄武装力量履行维和及人道主义使命，参加地区性武装冲突，消除技术性灾害和紧急情况造成的后果。	1	1
10	军人英勇的一页（乌克兰特别军事行动期间，俄罗斯军人的勇敢行为及对军人责任的忠诚）。	1	1
11	俄联邦传统的宗教团体。传统的宗教团体使俄罗斯陆军和海军相互配合：历史与现实。	1	—
	小计	5	6
	第三部分　军事教育学与心理学		
12	对全体人员实施心理培训的目的、任务和程序。	1	1
13	识别与应对负面信息心理影响的方法。	1	1
14	执行训练和作战任务时保持下属战斗稳定性的形式和方法。	1	1
15	军队集体的社会心理过程。解决冲突局势的方法。预防部（分）队中发生违反军人条令规则，以及其他暴力犯罪行为的工作形式和方法。	1	1
16	研究军人和军人集体的工作形式和方法。团结、多民族的军人集体。分队内非正式"领导者"和孤立人员的教育工作。	1	1
小计		5	5

课题编号	课题名称	学时（小时）	
		职业岗位培训	自习
	第四部分　法律培训		
17	为军人及其家属提供社会赔偿保障。	1	1
18	俄罗斯联邦武装力量中，法制和法制程序的主要方向及保障方法。 军官防止拒服兵役的形式和工作方法。	1	1
19	俄联邦关于非法倒卖毒品、兴奋剂及其制毒原料等相关法律。 部（分）队预防嗜毒工作的形式和方法。	1	1
20	个人理财。 贷款类型。 防止因贷款负债对部队和家庭造成不利的道德心理影响。	1	1
21	俄联邦武装力量军人住房保障。 军人住房保障公积金制度。	1	1
22	俄联邦武装力量中，服役安全保障的本质、内容和条件。 保护军人的生命和健康。	1	1
	小计	6	6
	第五部分　国际人道主义法、人权法		
23	实施战斗行动过程中的国际人道主义法。 违反法规应承担的责任。	1	1
	小计	1	1
	训练期间（训练年度）内的检验性（总结性）作业	2	—
	小计	25	23
	总计	48	

备注：1. 在俄联邦总统发表国情咨文后，完成第 2 课题的课程，不晚于 15 天。2. 建议心理服务专家参加第 12 课题至第 14 课题的课程。

二、俄军合同制和应征服役士兵（水兵）、中士、大士及准尉（海军准尉）军政训练计划

课题编号	课题名称	时长（小时）	
		讲授	实践
第一部分　俄联邦安全及国防的宪法基础		14	7
1	当今世界中的俄罗斯。 国家社会经济、政治及军事技术发展的主要方向。 2023 训练年度部队单个人员的任务。	4	2
2	俄联邦国家机构的宪法基础。	2	1
3	俄联邦总统是国家元首、武装力量最高统帅。	2	1
4	俄联邦国情咨文。	2	1
5	俄联邦武装力量：构成及使命。	2	1
6	极端主义、恐怖主义和纳粹主义是俄罗斯国家安全的威胁。	2	1
机动		4	
第二部分　爱国主义教育、俄罗斯军事历史、陆军和海军传统及俄罗斯军人荣誉日		45	15
7	俄罗斯的战斗荣誉。	24	—
8	1941—1945 年卫国战争期间，祖国捍卫者的不朽功勋。 苏联人民战胜德国法西斯。	10	5
9	军人英勇的一页（乌克兰特别军事行动期间，俄罗斯军人的勇敢行为及对军人责任的忠诚）。	3	3
10	俄联邦武装力量的传统及军人礼节。	2	1
11	俄传统宗教团体。 传统宗教团体使俄罗斯陆军和海军相互配合：历史与现实。	3	—
12	保卫祖国：俄罗斯联邦武装力量每名战士的义务和光荣责任。	1	2
13	俄罗斯的国家象征。 战斗荣誉和军人勇敢的象征。	1	2
14	俄罗斯军人荣誉日和纪念日。	1	2
机动		7	

课题编号	课题名称	时长（小时）	
		讲授	实践
	第三部分　服兵役的法律依据	12	3
15	俄联邦武装力量服兵役的法律依据。	2	1
16	军人及其家庭成员的社会保障及补偿。	2	1
17	入伍程序及按合同服兵役和条件。	3	—
18	军人的选举权。	3	—
19	军人的法律责任。 平时及战斗环境下，军人违反兵役法应承担的刑事责任。	2	1
	机动	3	
	第四部分　服兵役的道德政治及心理基础	5	4
20	对参加实兵行动的军人进行心理训练。	2	1
21	实际功能状态评估的基本方法及其调控途径。	1	2
22	识别和应对信息心理影响的方法。	2	1
	机动	2	
	第五部分　培训及教育	12	6
23	纪律性和职业技能是俄罗斯军人的最高素养。	2	1
24	使用毒品和兴奋剂造成的社会后果和健康后果。 涉及非法倒卖毒品相关的违法行为，应承担法律责任和刑事责任。	2	1
25	自觉为祖国服务的世界观、道德和精神基础。	1	2
26	军人礼节及交际文化。 与平民的关系。	2	1
27	在战斗训练和日常活动中，掌握并严格执行安全措施。	2	1
28	个人理财。 贷款类型。 防止因贷款负债对部队和家庭造成不利的道德心理影响。	3	—
	机动		

续表

课题编号	课题名称	时长（小时）	
		讲授	实践
	第六部分　国际人道主义法、人权	2	1
29	国际人道主义法的基本规则。 军人违反其规则应负的责任。	2	1
	机动	19	
	检验性作业	4	
	总计	168	

备注：1. 在俄联邦总统发表国情咨文后，完成第4课题的课程，不晚于15天。2. 第11课题的课程由兵团负责信教战士工作的副指挥员负责实施,吸收俄罗斯传统的宗教协会(俄罗斯东正教教堂、穆斯林中央宗教局、佛教传统桑加、犹太人团体协会）代表参与，按照单独的进度表，在所有训练阶段（训练年度），在每个连（营）及相当级别的分队内完成这项课程。

参考文献

第一部分　中文主要参考文献

1. 中华人民共和国国务院新闻办公室. 新时代的中国国防 [M]. 北京：人民出版社，2019.

2. 陈新民，俞存华. 军事训练百科全书 [M]. 北京：中国大百科全书出版社，2015.

3. 加茨科. 俄联邦武装力量建设的法律保障 [M]. 方明，等译. 北京：军事科学出版社，2015.

4. 李抒音，王继昌，张玺. 俄罗斯军情解析 [M]. 2 版. 北京：解放军出版社，2018.

5. 李抒音，王继昌，等. 俄军军事训练研究 [M]. 北京：军事科学出版社，2021.

6. B. N. 安年科夫，等. 国际关系中的军事力量 [M]. 北京：金城出版社，2014.

7. 李大鹏. 新俄军观察 [M]. 北京：新华出版社，2015.

8. 张桂芬. 俄罗斯"新面貌"军事改革研究 [M]. 北京：国防大学出版社，2016：39.

9. 于淑杰. 俄罗斯新版国家安全战略评析 [J]. 俄罗斯东欧中亚研究，2022，244（1）：32–47.

10. 代勋勋，李抒音. 将美西方视为国家安全首要威胁，信息安全和文化主权成为新关切：解读俄新版《国家安全战略》[N]. 解放军报，2021–07–15.

11. 于东兵. 联合训练学教程 [M]. 北京：军事科学出版社，2013：74.

12. 李文平. 贯彻"五个精准"构建实战化训练评价体系 [N]. 解放军报，2016–09–13.

13. 安卫平. 运用"互联网 +"思维打造新质战斗力 [N]. 解放军报，2015–12–29.

14. 王海滨. 普京时期俄罗斯新军事变革研究 [M]. 北京：中国社会科学出版社，2010：75.

15. 中共中央关于全面深化改革若干重大问题的决定 [OL]. 国务院新闻办公室网站，http://www.scio.gov.cn/zxbd/nd/2013/Document/1374228/1374228.html.

第二部分　俄罗斯官方网站、文件及报纸杂志

（一）俄罗斯官方主要网站

1. www.yandex.ru.

2. www.kremlin.ru.

3. www.mil.ru.

4. www.iz.ru.

5. www.rg.ru.

6. www.novostivl.ru.

（二）俄罗斯主要报纸杂志

1. 红星报：Красная звезда，разные номера.

2. 军工信使报：Военно-промышленный курьер，разные номера.

3. 消息报：Известия，разные номера.

4. 独立报：Независимая газета，разные номера.

5. 《军事思想》杂志：Военная мысль，разные номера.

6. 《陆军文集》：Армейский сборник，разные номера.

（三）俄罗斯及俄军主要官方文件、报告

1. Военная доктрина Российской Федерации，Российская газета[N]. Федеральный выпуск，6570（298）. [2014-12-30].

2. «О Стратегии национальной безопасности Российской Федерации» （2 июля 2021 г.）（www.kremlin.ru，2021-07-02）.

3. «Совместное заявление Российской Федерации и Китайской Народной Республики о международных отношениях，вступающих в новую эпоху，и глобальном устойчивом развитии»（www.kremlin. ru，2022-05-02）.

4. Выступления Путина и Шойгу. В Москве под руководством Верховного Главнокомандующего Вооруженными силами Владимира Путина прошло расширенное заседание Коллегии Минобороны России （www.fuction.mil.ru，2022-12-21）.

（四）主要参考文献

1. Генерал армии О.Л. Салюков：Место и роль сухопутных войск в стратегическом сдерживании[J]. Военная мысль，2021（4）.

2. Шойгу подвел итоги учений "Запад-2021"[N]. РИА Новсти，2021-10-06.

3. НАТО готовится к войне?www.novostivl.ru，2022-06-30.

4. Марина Щербакова：Акцент на коллективной безопасности[N]. Красная звезда，2022-04-15.

5. Шойгу раскрыл число батальнно-тактических групп в составе Армии России[N]. Красная звезда，2021-08-10.

6. Соперничество способствует совершенствованию[N]. Красная звезда，2020-04-15.

7. Для служебного роста надо проявить себя в деле[N]. Красная звезда，2020-04-15.

8. Олег Салюков. Возвращение дивизией[N]. Военное обозрение，2016-02-10.

9. А Н Субботин. Новый подход к организации боевой подготовки в соединениях и частах，укомлектованных военнослужащими по контракту[J]. Военная мысль，2016（8）.

10. Сергей Порохов. По единому тактическому замыслу[N]. Красная звезда，2016-04-21.

11. Махмут Гареев. Лучшей школой для армии послужила война，президент Академии военных наук，генерал армии[J]. Военно-промышленный курьер，2016，622（7）.

12. Иван Бувальцев. Армия готовится вести реальные боевые действия[N]. Независимая газета，2016-04-08.

13. В К Конатко. О соотношении военной стратегии，

оперативного искусства и тактики[J]. Военная мысль，2016（4）.

14. Игорь Зотов. С полигона – в академию[N]. Красная звезда，2016-05-22.

15. Тихонов. Группа информационного обеспечения Сухопутных войск：На полигоне Мулино стартует финальный этап конкурса по полевой выучке офицеров Сухопутных войск[N]. Красная звезда，2011-08-19.

16.Усков. Направлениея развития бортовых информационно-управляющих систем образцов боронетанкового вооруженния и техники[J]. Военная мысль，2016（3）.

17. Александр Николаевич Постников. Сухопутные войска будущего[J]. Независимое военноо обозрении，2015-09-11.

18. Дмитрий Литовкин. На основе «Арматы» создадут инженерно-саперного робота[N]. Известия，2016-09-26.

19. Виктор Худолеев. В режиме реального времени[N]. Красная звезда，2016-01-24.

20. Алексей Рамм. ВДВ смогут управлять «Арматой» онлайн[N]. 2016-08-23.

21.Военнослужащие бригады управления ЗВО осваивает средства связи нового поколения[N]. 2016-09-14. www.mil.ru.

22.В войска Западного округа поступили нвоейшие мобильные цифровые радиопелейные и тропосферные станции связи[N]. 2016-09-02. www.mil.ru.

23. Халил Арсланов.Цифра на проводе[N]. Военно-промышленный курьер，2016.

24.Алексей Моисеев. «Армата» и арктическая техника получили автономный климат-контроль[N]. Известия，2016-10-14.

25. Николай Макаров. Новые боевые уставы ВС РФ[N]. Красная

звезда，2011-09-22.

26. Владимир Попов. Сухопутные войска России：Сегодня и завтра[J]. Российское военное обозрение，2016（3）.

27. Игорь Зотов. Конкурс повышается[N]. Красная звезда，2016-10-11.

28. Управление пресс-службы и информации Министерства обороны Российской Федерации[N].2012-02-02. www.mil.ru.

29.Начальник Генештаба ВС РФ проинспектировал войска, которые участвуют в спецоперации. www.1tv.ru.

30.Особенностью учения «Восток-2022» стало создание для решения совместных задач многонациональной коалиционной группировки войск（сил）. www.mil.ru.

31. NATO 2022 Strategic Concept[Z].www.yandex.ru.

32. 2022 National Defense Strategy[Z].www.yandex.ru.

33. И.А. Бувальцев（Генерал-полковник，начальник Главного управления боевой подготовки Вооруженных сил Российской Федерации）：Развитие тактики в современных условиях[J]. Военная мысль，2021（10）.

34. ИТАР-ТАСС：Минобороны РФ воссоздало Главное управление боевой подготовки[N]. www.tass.ru/arhiv/651787，2012-12-10.

35. Анастасия Свиридова. Векторы развития военной стратегии[N]. Красная звезда，2019-03-04.

36. Софья Сандурская /Агенство "Москва". Путин подписал закон об отмене возрастного предела для первого контракта на военную службу[N]. www.moscowtimes.ru/，2022-05-28.

37. Новая стратегическая концепция НАТО. www.iz.ru. 2022-06-30.

38. Владимир Путин. Создать мобильные, хорошо оснащенные

вооруженные силы[N]. Военное обозрение，2013-02-27.

39. Ручкин. В центрах боевой подготовки Вооруженных Сил РС создадут единую систему моделирования тактической обстановки[N]. Красная звезда，2015-09-24.

40. Алексей Рамм. Российская артиллерия плдучит беспилотники[N]. Известия，2016-10-10.

41. Антон Алексеев. Опыт спецоперации в учебные программы[N]. Красная звезда，2023-03-30.

42. RT на русском. Экзамен на боеготовность： какое значение для российской армии имеют стратегические учения «Восток-2018»[N]. www.russian.rt.com，2018-11-09.

43. tvzvezda.ru/news. 2022-07-06.

44. Учебынй план военно-политической подготовки в Вооруженных Сил Российской Федерации на 2019 учебный год[J]. Армейский сборник，2018（11）.

45. Учебный план военно-политической подготовки офицеров соединений，воинских частей и организаций Вооруженных Сил Российской Федерации на 2023 учебный год[J]. Армейский сборник，2022（11）.